«Linda describe con maestría un estilo de comunicación que puede influir en cómo los niños perciben su entorno, lo que, a su vez, puede mejorar su conexión con el mundo que les rodea. El lenguaje declarativo, tal y como está descrito en este libro, es una técnica, basada en las relaciones, para ayudar a que los niños mejoren en sus competencias y confianza como comunicadores. Si eres una persona reflexiva, disfrutarás de esta lectura».

Hillary L. Perron, OTR/L, Terapeuta ocupacional

«Una magnífica guía para el uso del lenguaje declarativo al hablar con niños que tienen dificultades para el aprendizaje social. Como adulta diagnosticada del Síndrome de Asperger, entiendo la importancia de ayudar a los niños con dificultades para el aprendizaje social a que tengan una mayor confianza en sus conversaciones y aprendan a lidiar con el perfeccionismo. El libro explica perfectamente cómo el cambio desde el lenguaje imperativo al declarativo puede suponer una inmensa diferencia cuando establecemos conversaciones con los niños».

Carla M.

«Este libro es tremendamente práctico y agradable de leer. Los capítulos están repletos de ejemplos y anécdotas que lo hacen más realista. Es maravilloso poder ofrecer a las familias un recurso completo sobre el lenguaje declarativo. Cuando asesoro en escuelas, siempre ofrezco esta herramienta y, ahora, puedo proporcionar mucha más información. Gracias por encontrar el tiempo para compartir tu pasión —educar al mundo sobre el poder del lenguaje declarativo— y ofrecerle a la gente una guía paso a paso, llena de ejemplos y herramientas para facilitar el cambio al lenguaje declarativo».

Deirdre Mulcahy Patch MS, CCC–SLP
Nutricionista y logopeda
Manual del lenguaje declarativo

Elogios a **Manual del lenguaje declarativo**

«Cuando supe que Linda Murphy estaba escribiendo "Manual del lenguaje declarativo", una de las señas de identidad de RDI, tuve el convencimiento de que nuestros mundos del autismo y la comunicación estaban a punto de verse influidos por el pensamiento vanguardista de una auténtica experta en la materia. Para lo que no estaba preparada era para el contenido práctico y nítido que hace de este libro el más importante en las bibliotecas de los terapeutas y padres que tratan con el autismo. El "Manual del lenguaje declarativo" define estrategias específicas de una forma fresca, sencilla y mundana. Lo recomiendo sin la menor duda».

-Rachelle K. Sheely PhD
Presidenta y cofundadora de RDIConnect

«Como terapeuta experta, me di cuenta de que, al cambiar mi lenguaje de imperativo a declarativo, comencé a identificar competencias nuevas en los niños. Sigo alucinada de cómo unos sencillos cambios en el lenguaje (aunque complicados al mismo tiempo) pueden tener tal poder y provocar tales avances en tan poco tiempo. Tenemos mucha suerte de contar con los principios del lenguaje declarativo que Linda explica en su libro. A lo largo de los años, he aplicado parcialmente esta técnica gracias a la ayuda que Linda, como colega, ha ofrecido con tanta amabilidad. Aun así, hay que reconocer el inmenso valor que tiene encontrarlo todo explicado en una única obra, junto a ejemplos y prácticas excelentes. Gracias, Linda, por reunir todos los recursos y, con esta ayuda, permitirme seguir con mi aprendizaje».

Martha Bargmann, MS, CCC–SLP
Logopeda en el Hospital general infantil de Massachusetts

«Estoy muy contenta de encontrar un libro dedicado al lenguaje declarativo. El cambio hacia una mayor iniciativa del alumno, y a que los profesores sean verdaderos formadores, se debe a un nuevo tipo de lenguaje en el aula. El lenguaje declarativo eleva la enseñanza a un nivel superior».

Melissa Andrichak, MAT
Profesora de primaria

«¡Ya era hora! Un libro sencillo que aporta a los padres y educadores que luchan en las trincheras información y estrategias que ayudan a que los niños aprendan el pensamiento crítico, la resolución de problemas sociales y habilidades ejecutivas. Este libro es la demostración de cómo algunos pequeños cambios en nuestro lenguaje pueden suponer importantes mejoras para los niños, en las áreas de la comunicación social, la resolución de problemas y la autorregulación».

Beckham Linton, MA, CCC–SLP,
Consultora/formadora de aprendizaje social
Heartland Social Learning Center LLC

«El contenido está organizado de forma que lo encontré muy asequible y sencillo. Incluso cuenta con consejos para saltarse algunos capítulos. El estilo de escritura es fluido, lleno de ternura y sentimiento. El contenido supera lo "técnico". Habla de la relaciones con otras personas desde el profundo respeto, ya que todos somos diferentes. No solo nos inspira a ser mejores terapeutas, también mejores personas. Me he dado cuenta de que ya me planteo cómo presentar mis comentarios y peticiones de una forma más declarativa, tanto con mis clientes, como con mis hijos, mi marido y mis compañeros de trabajo.

He tratado de utilizar el lenguaje declarativo desde que conocí su existencia, pero este libro nos lleva a un nivel superior de comprensión y apoyo, haciendo que su aplicación sea muy sencilla. Ya me ha evitado algunas discusiones. Siempre que utilizo el lenguaje declarativo y veo que funciona, me digo: ¡Gracias, Linda!».

Vania Machado, MS, CCC–SLP, Logopeda
Intervención temprana en la escuela primaria, supervisora clínica

Manual del lenguaje declarativo

Cómo utilizar un estilo de lenguaje bien pensado para ayudar a que los niños con dificultades para el aprendizaje social se sientan competentes, conectados y comprendidos

Linda K. Murphy MS, CCC-SLP

COPYRIGHT © 2020 BY LINDA K. MURPHY

Todos los derechos reservados. Este libro no puede ser reproducido en todo o en parte, ni duplicado en forma alguna, sin la autorización expresa y por escrito de la titular de los derechos, salvo con el fin de ser citado en comentarios o críticas sobre la obra. Para más información, puede dirigirse a: linda@pptfth.com
Traducido de la primera edición en inglés (febrero de 2020)
Primera edición en castellano: julio de 2025
Traducción de Miguel Revilla Rodríguez

Diseño del libro de Brent Spears

ISBN: 978-1-7345162-6-5 (rústica)
ISBN: 978-1-7345162-7-2 (ebook)

Número de control de la Biblioteca del Congreso: 2025917849

www.declarativelanguage.com

DEDICATORIA

A Noah, Ben, Regina y Jason. Gracias por creer en mi labor e impulsarme a alcanzar las cotas más altas.

Contents

AGRADECIMIENTOS   1

Parte 1: INTRODUCCIÓN

Capítulo 1: ¿Por qué estamos aquí?   3

Capítulo 2: Lo que debes saber para empezar ahora mismo   9

Parte 2: VAMOS CON LO BUENO – ÁREAS DEL APRENDIZAJE SOCIAL REFORZADAS POR EL LENGUAJE DECLARATIVO

Capítulo 3: Más allá del contacto visual   19

Capítulo 4: Uso de la memoria episódica para resolver problemas   25

Capítulo 5: Apreciar opiniones diferentes   31

Capítulo 6: No pasa nada por cometer errores   37

Capítulo 7: Pensar en alternativas y posibilidades   45

Parte 3: MECÁNICA

Capítulo 8: Las piezas del puzzle: construir expresiones declarativas   51

Capítulo 9: ¿No hay que ser nunca imperativo?   61

Parte 4: PAUTAS Y RESOLUCIÓN DE PROBLEMAS

Capítulo 10: La importancia de las pautas 65

Capítulo 11: Consejos para resolver problemas 71

Parte 5: PRÁCTICA

Capítulo 12: La práctica hace que te sientas cómodo 83

Parte 6: SEGUIMIENTO DEL PROGRESO E INVESTIGACIÓN

Capítulo 13: Cómo identificar el progreso 87

Capítulo 14: El proyecto piloto del lenguaje declarativo 95

Parte 7: UNAS PALABRAS FINALES

Capítulo 15: ¿A dónde vamos desde aquí? 107

APÉNDICE 111

BIBLIOGRAFÍA 119

BIBLIOGRAFÍA EN CASTELLANO 127

ÍNDICE ALFABÉTICO 129

AGRADECIMIENTOS

Me gustaría expresar mi más profundo agradecimiento al Dr. Steven E. Gutstein, a la Dra. Rachelle K. Sheely y a la RDI® Community por mostrarme un método diferente de enseñar a niños con dificultades para la comunicación social. Su abordaje visionario del TEA y otras dificultades del desarrollo me han impactado e influido positivamente de tantas formas como terapeuta, que es imposible reflejarlas todas. El poner en práctica sus ideas durante los últimos 13 años me ha dado la experiencia y la confianza para compartir con otros una parte de ese conocimiento.

Quiero dar las gracias también a Michelle Garcia Winner, a la Dra. Pamela Crooke y a la comunidad Social Thinking®. La publicación de mi primer libro, *Social Thinking and Me*, escrito junto a Michelle, me ayudó a sentir la suficiente confianza como para repetir la experiencia. Líderes en su campo, Michelle y Pam me demuestran cada día que es posible cambiar el mundo.

Estaré eternamente agradecida a todas las familias con las que he trabajado estos años. Me habéis mostrado la diferencia que supone un estilo de comunicación positivo. Gracias especialmente a aquellas familias que me han permitido compartir sus historias en este libro.

Y por último, pero no por ello menos importante, le doy las gracias a nuestro equipo de *Peer Projects & Therapy from the Heart*. Compartís mi visión sobre los niños con dificultades para el aprendizaje social y lleváis a cabo, cada día, una importante tarea.

PARTE I:
INTRODUCCIÓN

CAPÍTULO 1:
¿Por qué estamos aquí?

Hace no mucho leía que, en estos tiempos, el bien más preciado que les podemos regalar a otros es el tiempo. Así, gracias por entregarme tu tiempo y tu atención. Haré lo posible para no tomarlo a la ligera e ir directa al punto del por qué estamos aquí y qué es lo que quiero que aprendas.

Llevo tratando y difundiendo el uso del lenguaje declarativo desde que lo conocí en 2007, mientras me formaba como consultora de Relationship Development Intervention® (RDI). RDI es una técnica de tratamiento del desarrollo, fundada por el Dr. Steven E. Gutstein y la Dra. Rachelle K. Sheely. Mediante la formación a los padres, el RDI ayuda a los niños con dificultades para el aprendizaje social a desarrollar competencias y conexiones sociales. Para mí, como terapeuta, estas son las áreas más importantes. El lenguaje declarativo se convirtió, de inmediato, en una de mis herramientas más importantes para orientar en el aprendizaje social. También llegué rápidamente a la conclusión de que este método, poco utilizado, debería formar parte de los recursos de cualquier educador o cuidador.

Manual del lenguaje declarativo

Según iba utilizando el lenguaje declarativo con mis clientes y, después, con mis propios hijos, comprendí lo poderoso y útil que puede llegar a ser. Como no se había publicado ningún manual oficial sobre el lenguaje declarativo, decidí que era el momento de escribir uno.

Mi objetivo, al escribir este libro, es ayudar a que todo el mundo entienda el poder del lenguaje declarativo y comprenda que proporciona importantes beneficios en el largo plazo. Mi objetivo es, también, ayudar a los padres, docentes, cuidadores y a todos los que se ocupan de alguien con dificultades para el aprendizaje social, a ser conscientes de que pueden utilizarlo inmediatamente y con eficacia. Cualquiera que lea este libro puede aprender a hablar de forma declarativa. Y, al hacerlo, te convencerás de la importancia que tiene lo que decimos y cómo lo decimos. Prestar atención a nuestro propio estilo al hablar puede suponer una enorme diferencia entre un niño que se cierra y otro que se abre al aprendizaje.

Sobra decir que estoy deseando comenzar con las lecciones; pero, primero, vamos a asegurarnos de que hablamos el mismo idioma.
Creo que todo el mundo estará de acuerdo en que las siguientes áreas son complejas para aquellas personas con dificultades para el aprendizaje social: contemplar la imagen completa, ser flexible, gestionar los impulsos, tomar la perspectiva de los otros, resolver problemas en tiempo real y apreciar la comunicación no verbal. Para algunos niños, aprender a conectar con otros mediante recuerdos compartidos, hacer planes para el futuro, próximo o lejano, y expresar emociones, puede ser también un desafío.
Estas son las grandes áreas que hay que tener en cuenta y a las que hay que atacar. También son áreas que, constantemente, se mezclan

Capítulo 1: ¿Por qué estamos aquí?

en cada interacción y contacto social que tenemos en la vida. ¿No sería maravilloso que existiese una forma de apoyar el crecimiento en estas áreas y que también formase parte de las interacciones y oportunidades sociales cotidianas? Incluso mejor, ¿y si existiese algo que los padres, o los cuidadores, pudiesen utilizar a cada momento, para orientar a los niños o adultos hacia un mejor aprendizaje social?

De eso trata este libro. Sirve para ayudarte a ti, a la persona que se preocupa de alguien con dificultades para el aprendizaje social, que sabe cómo utilizar estos momentos cotidianos para enseñar y orientar en el aprendizaje social. Quizá seas terapeuta o profesor, o quizá seas padre, abuelo o cuidador. El objeto de este libro es ayudarte a estar preparado para cambiar las cosas siendo, simplemente, consciente de tu propio estilo de comunicación y habla, sin importar la naturaleza de tu relación con el niño.

Estos son algunos ejemplos de situaciones en las que se puede producir el aprendizaje social. Quizá parezcan poca cosa, pero todo suma a lo largo del tiempo.

Situaciones en casa: Hay que dar de comer al gato. Estás desayunando con tu hijo. Hay que sacar la basura. Preparar el almuerzo para el colegio. Mañana es día de reciclaje y hay que llevarlo todo al contenedor. ¡Vaya, otra vez hay que segar el césped! Ha salpicado el agua. Te parecería divertido que hiciésemos palomitas de maíz. Hay que hacer un bocadillo para la merienda. Ordenar los calcetines que acaban de salir de la secadora.

Situaciones en la escuela: Hacer que los niños sepan que va a llegar el recreo. Alguien no ha colgado su abrigo. ¡Hay que hacer un examen! Se ha roto un lápiz. Otra vez toca reciclaje y necesitas ayuda. Los niños deben sacar sus lapiceros y libros de matemáticas. ¿Se acaba de caer una caja de rotuladores?

Manual del lenguaje declarativo

Como eres una persona ocupada, es muy posible que te apresures a decirles a los niños lo que tienen que hacer o, incluso, lo hagas tú directamente. Sin embargo, la vida podría ser mejor si aprovechases esas ocasiones para darle la oportunidad a los niños de sentirse confiados, útiles y conectados. Sin embargo, este libro no pretende que lo niños tengan nuevos quehaceres. Trata, más bien, de generar oportunidades para que resuelvan problemas y se sientan útiles. Cuando los niños se sienten poderosos y útiles, el juego cambia por completo.

Este libro trata sobre ayudar a que los niños se sientan, con el tiempo, más competentes, según vayan resolviendo problemas cada vez más grandes y complejos, guiados por el lenguaje que utilizas con ellos. Aprenderán y descubrirán qué hacer, frente a que les digan qué hacer (lo que puede conducir a toda clase de resistencias y luchas de poder). Cuando los niños se sienten competentes son más felices, más abiertos a aprender y más predispuestos a retos de aprendizaje futuros. ¿No es eso lo que queremos?

Cuando los niños se sienten competentes son más felices, más abiertos a aprender y más predispuestos a retos de aprendizaje futuros.

El estilo de lenguaje que estás a punto de aprender también abordará otras áreas muy importantes. Te ayudará a alejarte de las luchas de poder y, en su lugar, crear conexiones positivas más naturales con los niños. Ayudará a que los niños se sientan mejor cuando valides sus emociones, al tiempo que les orientará hacia respuestas y decisiones más maduras en contestación a esas emociones. Ayudará a que los niños sean más capaces de comprender quiénes son como individuos o, en otras palabras, aumentará su consciencia de sí mismos. Esto

Capítulo 1: ¿Por qué estamos aquí?

propiciará que sean más capaces de mostrarse asertivos, tanto en el corto como en el largo plazo. Esto es lo más importante. Queremos que nuestros niños sean capaces de reclamar lo que necesitan de formas que otros puedan entenderlo y respondan a ello de forma positiva.

En la otra cara de la moneda de las áreas de desafíos... las áreas de crecimiento. En próximos capítulos trataremos de áreas específicas relativas a los retos de aprendizaje social. Entre ellas están la observación, la memoria episódica, la tolerancia, la aceptación y asunción de opiniones diferentes, sentirse bien frente a los errores y pensar en alternativas.

Muchas veces recuerdo una cosa que dijo el Dr. Steven Gutstein durante mi formación en RDI, que me ayudó a cambiar de punto de vista. Dijo, "Debemos avanzar desde el obligar al dar". Cuando estoy con mis niños, suelo pensar en esas palabras. Lo que quería decir es que debía alejarme de tratar de "obligar" a que los niños o adultos con dificultades para el aprendizaje social hiciesen algo y, en su lugar, mejorar mi capacidad de "dar". Cuando les damos algo con sinceridad (más información, más comprensión, más compasión, más paciencia), sorprende ver lo que nos devuelven. Pero la iniciativa debe ser nuestra.

Podemos ayudar a que los niños estén más abiertos a ser guiados. Podemos ayudarles a aprovechar oportunidades a las que pueden hacer aportaciones. Podemos ayudarles a sentirse cómodos y disfrutar cuando aprenden cosas nuevas. Y podemos ayudarles a hacer conexiones sociales positivas y duraderas con otras personas. Podremos hacer todo esto cuando nos paremos a pensar en lo que decimos y en cómo lo decimos. De eso trata este libro.

Manual del lenguaje declarativo

Unas palabras sobre cómo utilizar este libro

Las siguientes páginas contienen muchísima información. Si te interesa la lógica de por qué utilizar el lenguaje declarativo y cómo hacerlo, te sugiero que leas los capítulos en orden. La parte 2 te resultará especialmente interesante porque, en esos capítulos, explico con detalle las diferentes áreas que son importantes para el aprendizaje y la competencia social. Esta explicación será la base que conduce a entender el poder del lenguaje declarativo.

Pero si tienes prisa por empezar a utilizar el lenguaje declarativo y quieres saber cómo se forman las frases declarativas, deberías leer el capítulo 2 y, después, saltar directamente a las partes 3 y 4. En ellas explico la mecánica del estilo del habla, la importancia de las pautas y las pistas para resolver problemas. Siempre puedes volver a la interesante información de la parte 2 en otro momento.

La parte 5 contiene ofrece conjuntos de prácticas, que te ayudarán a tener confianza en que sabes lo que estás haciendo.

La parte 6 trata el importante asunto de seguir el progreso para verificar si el lenguaje declarativo está funcionando y las investigaciones que ratifican la utilidad de este estilo de habla como apoyo al aprendizaje social.

Terminaremos con mi visión sobre el futuro y con una invitación.

CAPÍTULO 2:
Lo que debes saber para empezar ahora mismo

Es mejor comenzar con los conceptos más básicos, lo que supone que deberemos regresar a nuestras clases de gramática donde, en algún momento, debiste aprender cuáles son los distintos tipos de frases. Supongo que mi profesora de cuarto, la señorita Cox, estaría orgullosa al verme abordar este asunto.

Comencemos por el lenguaje imperativo. Una frase, o pregunta, imperativa es aquella que exige una respuesta. Puede ser una respuesta verbal o una acción. Las respuestas imperativas son correctas o incorrectas. Respondes bien o mal, haces lo que se te pide o no lo haces. Es blanco o negro. Estos son algunos ejemplos:

Ponte en la fila.
Dile hola a la abuela.
Mírame.
¿Qué he dicho?
¿De qué color es tu camiseta?

Todas estas frases imperativas implican realizar acciones "correctas". Te pones en la fila o no te pones. Le dices *hola* a la abuela o no, etc. En el mundo de las dificultades para el aprendizaje social la gente normalmente, y por desgracia, suele pensar primero en términos de

Manual del lenguaje declarativo

comportamiento. Cuando un niño no realiza la acción correcta en unos pocos segundos, se etiqueta como "incumplido". ¡Qué palabra tan negativa!

Pero esta es la cuestión... estas demandas pueden disparar, o activar, la respuesta lucha/huida/bloqueo. El cerebro puede interpretar la demanda como una amenaza, sea esta real o figurada. Cuando esto ocurre, el cerebro inferior puede ponerse en modo defensivo u ofensivo. En el caso de los niños con dificultades para el aprendizaje social, esto puede traducirse en:

Ponte en la fila. → Repuestas de lucha: gritar, lanzar objetos, dar patadas, golpear, insultar, discutir, protestar, contestar, hacer comentarios sarcásticos. Las respuestas de lucha pueden tener intensidades altas o bajas.

Dile hola a la abuela. → Respuestas de huida: esconderse debajo de una mesa, salir corriendo, cambiar de tema, decir "no" o "no quiero". Las respuestas de huida también pueden ser más o menos intensas.

Mírame. → Respuestas de bloqueo: no responder nada, cerrar los ojos, bajar la cabeza, aparentar "ignorar" a la otra persona. Las respuestas de bloqueo se pueden interpretar erróneamente como desinterés.

Las respuestas de bloqueo se pueden interpretar erróneamente como desinterés.

Recuerda esto: aunque pienses que los niños que muestran alguno de los comportamientos citados estén comportándose mal deliberadamente, normalmente lo que estarán mostrando es una respuesta de lucha, huida o bloqueo frente a una amenaza percibida que, en ese momento, es la demanda de una acción. El lenguaje imperativo supone para los niños ese tipo de demanda.

Capítulo 2: Lo que debes saber para empezar ahora mismo

¿No sería más práctico cambiar el lenguaje que utilizamos para poder enseñar sin activar la respuesta de lucha/huida/bloqueo? Piensa en que podríamos enseñar a los niños aquello que queremos que aprendan, de una forma que suponga un apoyo para que permanezcan conectados y atentos durante el proceso. Si reducimos la amenaza percibida, aumentaremos la confianza y todos estaremos mejor.

Podemos hacerlo mediante el lenguaje declarativo.

El lenguaje declarativo es un comentario o una afirmación. Así de sencillo. Normalmente es una afirmación que hace una observación. Puede, por ejemplo, mencionar hechos del entorno, lo que incluye a personas, acciones y cambios. También puede describir un evento interno, como un pensamiento, un sentimiento, predicciones, opiniones, observaciones o un diálogo que busca resolver un problema. Puede ser tan simple o complejo como uno quiera. Al emplear el lenguaje declarativo con niños con dificultades para el aprendizaje, es fundamental tener esto presente: debes adaptar la complejidad de tu lenguaje a la capacidad de comprensión de quien te escucha. En otras palabras, habla en un nivel que puedan entender.

El lenguaje declarativo proporciona, por su propia naturaleza, la oportunidad de acceder al aprendizaje social de áreas como contemplar la imagen completa, leer la comunicación no verbal, resolver problemas, tomar perspectiva y la autoafirmación.

Así es como deberías reformular las anteriores frases imperativas en frases declarativas.

Ponte en la fila podría ser *ya es hora de comer*, o *los niños se están preparando para ir al colegio*.

Estas afirmaciones declarativas invitan al niño a mirar y observar el entorno que le rodea. Así, una vez que perciba las mismas pistas contextuales que tú (por ejemplo, la formación de una fila junto a la puerta), pueden determinar por ellos mismos su siguiente acción:

Manual del lenguaje declarativo

ponerse en la fila. Cuando les decimos un aséptico "Ponte en la fila", les estamos hurtando la oportunidad de contemplar la imagen completa y deducir por sí mismos lo que deben hacer.

Dile hola a la abuela. La abuela acaba de llegar y lo correcto es saludarla, ¿no es verdad? Pero, ¿qué ocurriría si dijéramos ¡*Mira! Ha venido la abuela*, sin más instrucciones? Esto le da una pista al niño de que ha habido un cambio en el entorno, dándole, al mismo tiempo, espacio para que decida cómo responder a tal cambio. Quizá diga *hola*, pero también es posible que corra a darle un abrazo, que agite su mano desde el lugar en el que se encuentra o, también, que pregunte «¿Qué tal, abu?». Todas ellas son opciones perfectamente válidas. Esta afirmación declarativa ha creado un espacio para que el niño responda a la llegada de la abuela a su manera. Y como será algo totalmente espontáneo, a la abuela le encantará.

¿De qué color es tu camiseta? Puede que lo estemos preguntando para comprobar si el niño conoce los colores o, quizá, para iniciar una conversación. En cualquier caso, hay mejores formas de llegar a lo importante. ¿Y si dijeses algo como «¡Mira! Tenemos la camiseta del mismo color. También me gusta el rojo»? De esa forma el niño tendrá un verdadero motivo para fijarse en ti y en tu camiseta, y de aprender algo sobre ti (que te gusta el color rojo). Son los pequeños detalles como este los que hacen que, con el tiempo, nos vayamos conociendo mejor y nos tengamos en cuenta. Podemos utilizar estas circunstancias como oportunidades de mostrarle al niño lo que tenemos en común, lo que nos diferencia y que nos preocupamos por él. Como alternativa, si la pregunta va dirigida a que el niño aprenda los colores, debemos entender que preguntar y enseñar no es lo mismo. Cuando preguntamos, el niño se siente presionado. También es posible que memorice la respuesta y la repita, sin haber entendido el

Capítulo 2: Lo que debes saber para empezar ahora mismo

concepto que pretendemos enseñarle. Por contra, cuando hablamos del tema (el color de nuestras camisetas), enseñamos los colores en un contexto social y con sentido. También ayuda con la generalización de ese contexto, es decir, ambos llevamos camisetas rojas, aunque los "rojos" puedan ser ligeramente diferentes. Este aprendizaje natural es más agradable para todos los implicados.

Los dos siguientes ejemplos ilustran algunos de los beneficios más importantes del lenguaje declarativo. Las demandas pueden hacer que los niños se sientan incómodos. Pero el lenguaje declarativo los anima a sentirse competentes, entender mejor el mundo, desarrollar la consciencia de sí mismos y la asertividad.

Las demandas pueden hacer que los niños se sientan incómodos. Pero el lenguaje declarativo los anima a sentirse competentes, entender mejor el mundo, desarrollar la consciencia de sí mismos y la asertividad.

Mírame. Cuando decimos esto, estamos reclamando atención. Le estamos diciendo al niño, de forma muy directa, que nos mire. Pero, ¿por qué? No lo decimos. Además, no estamos siendo sensibles al hecho de que, para algunos niños con dificultades para el aprendizaje social, puede resultar muy difícil mirar y escuchar al mismo tiempo. En su lugar, deberíamos emplear una frase que proporcione información sobre el contexto social y que enseñe la importancia de la observación, como *Me preocupa que te pierdas algo importante si no miras.* En ese momento ya no estamos demandando contacto visual. En su lugar, les estamos invitando a que observen porque es importante. Estás comunicando que te preocupas por su aprendizaje.

Cuando una frase como esta va seguida de una pausa en silencio, el niño mirará por iniciativa propia. Entonces tendrás la ocasión de

Manual del lenguaje declarativo

mostrarle lo que quieres que vea. Podrán concentrarse porque les habrás dado tiempo para prepararse a recibir información nueva. Por contra, si les obligamos a mirar antes de que estén preparados, provocaremos un sentimiento de estrés. Y el estrés bloquea el aprendizaje.

¿Qué he dicho? Me reconozco culpable de hacerles esta pregunta a mis hijos cuando tengo la sensación de que no están atentos. Pero procuro gestionarla de una forma diferente. En el caso de los niños con dificultades del lenguaje que deban lidiar con la memoria auditiva, la comprensión o la falta de atención, esta pregunta puede resultar difícil de responder y, como resultado, provocar vergüenza. Si, por ejemplo, preguntamos *¿Qué he dicho?* y el niño no sabe responder, se sentirá mal, y nosotros también.

Afortunadamente existen mejores formas de abordarlo. Si, por ejemplo, decimos, *Me pregunto si has oído lo que he dicho*, o *No sé si me has escuchado*, o incluso *Quiero asegurarme de que pensamos lo mismo y me vendría bien saber si me has escuchado*. Cualquiera de estas expresiones, seguidas de una pausa deliberada, pueden dar como resultado una respuesta que conduce a la asertividad. Quizá el niño que tenga problemas de retentiva responda, "Te he oído, pero se me ha olvidado". O el niño con dificultades de comprensión dirá, "Te he oído, pero no lo entiendo". O el niño con falta de atención podría decir, "No te he oído por el ruido del ventilador". Estas respuestas harán que nosotros les contestemos de una forma útil y comprensiva. El proceso nos ayudará a entender mejor el estilo de aprendizaje (fortalezas y debilidades). Propicia una situación en la que un niño puede sentir confianza a la hora de obtener la ayuda que precisa, en vez de sentirse avergonzado por sus vulnerabilidades.

Capítulo 2: Lo que debes saber para empezar ahora mismo

> **El lenguaje declarativo propicia una situación en la que un niño puede sentir confianza a la hora de obtener la ayuda que precisa, en vez de sentirse avergonzado por sus vulnerabilidades.**

En el caso de que un niño no cuente todavía con el lenguaje o la consciencia de sí mismo para mostrarse asertivo, puedes orientar este aprendizaje en base a tus propias experiencias con ese niño: *Creo que quizá no has podido oírme bien con el ventilador encendido*, o *Creo que me has oído pero te has olvidado*, o incluso, *Creo que he utilizado una palabra nueva. Quizá no has entendido lo que he dicho.* Todas estas opciones son mucho mejores que el silencio incómodo que obtienes cuando le preguntas a un niño "¿Qué he dicho?" y no sabe responder.

Esta es la triste verdad. La gente suele utilizar el lenguaje imperativo con niños que presentan dificultades para el aprendizaje social u otros problemas de aprendizaje del lenguaje. Asumen por error que el niño no entenderá una expresión declarativa o que no cuenta con el suficiente nivel como para beneficiarse de ella. Esto no es cierto. Lo importante no es el estilo del lenguaje utilizado (imperativo sobre declarativo), sino su complejidad. Puedes hacer afirmaciones declarativas comprensibles, si están vinculadas a otro andamiaje (lo veremos en el capítulo 11). Los niños con un lenguaje menos desarrollado pueden requerir de expresiones más sencillas y, en ocasiones, precisarán de imperativos evidentes, pero no necesitan imperativos SIEMPRE. Si queremos que los niños se sientan conectados y desarrollen tanto conexiones sociales como atención, debemos comenzar por nuestra propia comunicación. Debemos utilizar un estilo de habla que refuerce este tipo de comunicación. El lenguaje imperativo no fortalece las conexiones o interacciones sociales. Las expresiones declarativas sí lo hacen.

Manual del lenguaje declarativo

Me gustaría finalizar este capítulo con dos ejemplos personales en los que me sentí conmovida por el poder del lenguaje declarativo. Cuando comencé mi formación como consultora de RDI, trabajaba con Eliza, una niña de tres años. Volveré a mencionarla a lo largo del libro. Las interacciones que tuve con ella me dieron la oportunidad de hacer mis primeros intentos de utilizar el lenguaje declarativo. Recuerdo con nitidez un día en el que trabajábamos con los vestidos de una muñeca de madera. Al ver que la niña colocaba un trozo de tela alrededor del cuello de la muñeca, hice una expresión declarativa, *Vaya... me pregunto qué será eso*. A mí me parecía una corbata, y esa era la respuesta que esperaba de Eliza. Pero, tras la breve pausa que Eliza ocupó en pensar en mi frase, me respondió, "¡Es una bufanda!". Y tenía razón, eso era precisamente. Me quedé estupefacta, no tanto por su respuesta sino por mi descubrimiento. Como había dejado abierta la puerta a que Eliza pensase y respondiese a su manera, su idea —diferente a la mía— se impuso. Le respondí encantada, "Sí, parece una bufanda. Y yo que creía que era una corbata". Como resultado del uso del lenguaje declarativo, ambas tuvimos la oportunidad de aprender sobre perspectivas (interpretábamos la prenda de formas distintas) y razonamiento alternativo (el hecho de que la prenda se podía identificar de diferentes formas). Siempre me ha impactado aquel momento, porque me hizo darme cuenta de que iba a aprender mucho del lenguaje declarativo.

Como había dejado abierta la puerta a que Eliza pensase y respondiese a su manera, su idea —diferente a la mía— se impuso.

El segundo ejemplo corresponde a algunos años después, mientras trabajaba con Christopher, de 21 años, y Judy, su madre. Judy se puso en contacto conmigo porque, aunque se sentía muy cercana

Capítulo 2: Lo que debes saber para empezar ahora mismo

a su hijo, su comunicación era muy limitada. Tenían sus rutinas y conexiones compartidas, pero quería ayudarle a que se expresase mejor, tanto con ella como con otros. El padre de Christopher había fallecido cuando el niño tenía 9 años. Christopher era un aprendiz experiencial y había estado interno desde que tenía 12 años porque Judy, como madre soltera, sentía que no podía mantenerle seguro cuando empezó a abrir la puerta principal y salir de casa en mitad de la noche. Christopher pasaba los fines de semana en casa, y hablaban por teléfono durante la semana, pero Judy me indicó que era difícil iniciar una conversación con él o establecer una comunicación más profunda.

Debido al potencial de aprendizaje que mostraba Christopher, la gente solía utilizar con él el lenguaje imperativo. Le hacían preguntas, le daban indicaciones, etc. Cuando empezamos a trabajar, lo primero que encomendé practicar a Judy fueron las expresiones declarativas. Judy aprendió a dejar de hacer preguntas y, en su lugar, hacer comentarios sobre las actividades que realizaban juntos.

Judy y Christopher solían hacer manualidades. Copiaban los personajes de dibujos animados favoritos de Christopher y los construían con fieltro. Un día me uní a ellos y Judy y yo utilizábamos instrucciones para orientar a Christopher en lo que tenía que hacer. Algunos ejemplos eran: *Vamos a poner pegamento aquí*, o *Recuerdo que tu mamá ha agitado el pegamento para poder extenderlo*, y *Vamos a darle la vuelta a esto juntos... yo lo agarro de este lado*. Christopher estuvo perfectamente concentrado, haciendo preguntas como "¿Qué significa agitar?", ocupando su lugar, orientando espontáneamente su cuerpo hacia la actividad e inclinándose hacia adelante cuando tenía alguna labor que hacer. Este hombre de 21 años permaneció concentrado, aunque en silencio, al tiempo que nuestro lenguaje viraba hacia un estilo positivo que le proporcionaba información, le guiaba en la actividad y nunca le suponía una demanda para hacer

Manual del lenguaje declarativo

o decir algo. Pasados los años, Christopher es muy hablador y suele compartir sus pensamientos. Hablaremos más sobre él en el libro. Cuando, hoy en día, Judy y yo pensamos en aquellos tiempos en los que no era capaz de expresar lo que puede expresar ahora, nos volvemos muy conscientes del poder del lenguaje declarativo.

Quiero dejar muy claro que el lenguaje declarativo no soluciona las dificultades del lenguaje por arte de magia, y que los progresos no son inmediatos. Los cambios en la comunicación que estoy describiendo se producen a un ritmo diferente según la persona. Pero, en todos los casos, ayuda de una forma importante. El uso constante del lenguaje declarativo produce un entorno de comunicación que es tanto positivo como atractivo para los niños con dificultades para el aprendizaje social. Permite que se sientan ellos mismos, cómodos y eso hace que bajen la guardia. A lo largo del tiempo, este ambiente agradable les ayudará a mostrarse abiertos ante el aprendizaje y a mantener una conexión con nosotros, sobre todo cuando las cosas se empiezan a poner más difíciles. Esto es lo más importante y útil en el largo plazo, a través de los altibajos del aprendizaje.

En el capítulo 7 veremos más cuestiones sobre los elementos de las expresiones declarativas, y cómo construirlas de diferentes formas. Pero primero trataremos las áreas del aprendizaje social que se desarrollan mejor gracias al lenguaje declarativo.

PARTE 2:
VAMOS CON LO BUENO – ÁREAS DEL APRENDIZAJE SOCIAL REFORZADAS POR EL LENGUAJE DECLARATIVO

CAPÍTULO 3:
Más allá del contacto visual

Hasta donde puedo recordar, la gente siempre le dice a los niños con autismo "mírame", o reclama contacto visual. Sin embargo, mientras me formaba para ser consultora de RDI, aprendí un método completamente distinto de pensar en el contacto visual que, inmediatamente, me pareció mucho más adecuado. Pero será mejor que comencemos definiendo el concepto de "hacer contacto visual". Cuando se reclama, el contacto visual no es más que una habilidad memorística. El niño mira y ya está. Sin embargo, al comunicarnos, ocurren muchas más cosas cuando una persona "mira". Y existe un término mucho más apropiado para definir lo que está ocurriendo en realidad: la referencia visual.

La referencia visual se relaciona con el proceso de utilizar nuestro sentido de la vista para obtener información: observamos nuestros alrededores para saber cosas. Quizá obtengamos información sobre nuestro entorno inmediato o puede que estemos analizando a la gente

Manual del lenguaje declarativo

con la que nos encontramos, nuestros compañeros de comunicación. Pongamos un ejemplo. Imagina que caminas por una calle cuando ya es noche cerrada. No hay ninguna duda de que harás una referencia visual del entorno para comprobar que no hay peligros. Evidentemente miras a derecha e izquierda, incluso hacia atrás, para verificar que puedes pasar por allí tranquilamente. Percibes el contexto, interpretas lo que ves y actúas en base a esa información. Otro ejemplo: acudes a una fiesta. Al entrar, harás una referencia visual del espacio para identificar cómo está organizado todo (¿Dónde está la comida? ¿Dónde la bebida? ¿Y los baños?) y quién puede ser el anfitrión (¿Veo a algún conocido? ¿Con quién podría hablar?).

Con los compañeros de comunicación hacemos referencias visuales constantemente. Imagina, por ejemplo, que le estás hablando a un amigo sobre el fin de semana. Comprobarás visualmente si están escuchando, si comprenden lo que estás diciendo e, incluso, si les interesa. Comunicarán todos estos aspectos mediante sus expresiones faciales y otros medios de comunicación no verbal. Pero, para saberlo, debes mirar.

Esta es la cuestión: mirar por mirar (o hacer "contacto visual") no es suficiente para entrar en la naturaleza dinámica de la comunicación. De hecho, debemos ayudar a que los niños con dificultades para el aprendizaje social mejoren en la referencia visual.

Esta es la cuestión: mirar por mirar (o hacer "contacto visual") no es suficiente para entrar en la naturaleza dinámica de la comunicación. De hecho, debemos ayudar a que los niños con dificultades para el aprendizaje social mejoren en la referencia visual.

Debemos tener en cuenta algunos elementos en relación a la referencia visual. En primer lugar, solo porque los niños estén mirando

Capítulo 3: Más allá del contacto visual

no significa que identifiquen aquello que resulte socialmente relevante en ese momento. Así, una vez que hayamos ayudado a que los niños se sientan cómodos mirando, debemos orientarlos hacia el *qué* observar. En segundo lugar, es deseable que los niños utilicen la referencia visual más a menudo. Muchos niños con dificultades para el aprendizaje social suelen mantener la cabeza hacia abajo. Quizá sea porque se están concentrando mucho en escuchar y se les hace difícil mirar y escuchar al mismo tiempo. Pero también podría ser porque están acostumbrados a que los demás les digan lo que deben hacer o a que les hagan preguntas. Si queremos orientar a los niños hacia la independencia, debemos ayudarles a que se sientan cómodos mirando. También debemos ayudarles a que entiendan que esto es algo importante. Por último, una vez que los niños sepan qué observar y, de hecho, miren más a menudo, necesitarán nuestra ayuda para extraer un significado de aquello que están viendo. Los niños con dificultades para el aprendizaje social no saben necesariamente cómo interpretar la información no verbal o de contexto. Será tarea nuestra ayudarles a entender lo que ven.

La referencia visual es una habilidad dinámica, importante para el éxito en la comunicación y para la independencia. Es fundamental que quienes enseñan a niños con dificultades para el aprendizaje social entiendan la diferencia entre el contacto visual y la referencia visual, para poder desarrollar esta última.

Ahora que entiendes la diferencia, vienen las buenas noticias. El lenguaje declarativo guía a los niños hacia la referencia visual de una forma natural. Aprovecha al máximo esta habilidad al ayudar a los niños a (1) saber qué observar, (2) sentirse cómodos con observaciones más habituales y (3) darle sentido a lo que ven. El lenguaje declarativo ayuda a enseñar, practicar y apoyar cada una de estas áreas.

Manual del lenguaje declarativo

Estos son algunos ejemplos de expresiones declarativas que apoyan la referencia visual, junto a sus equivalentes imperativas (que antes utilizabas pero te estás esforzando por dejar de hacerlo, ¿no?).

¡Estás encima de todas las piezas! Este es un ejemplo personal que ocurrió con mi hijo Freddie, que tenía entonces siete años. Lo conservo en vídeo para mostrárselo a otros, pues ilustra la naturaleza sencilla, aunque dinámica, de la referencia visual. Yo estaba intentando organizar un juego con mis dos hijos, pero Freddie estaba sentado encima de todo. No se había dado cuenta y no era consciente del impacto que esto tenía en los demás. Cuando pronuncié esta expresión declarativa, no reaccionó inmediatamente. Pero, unos segundos después, dijo "¿Eh?", y levantó la vista del juguete en el que estaba centrado. Observó el suelo a su alrededor, vio que, efectivamente, estaba sentado encima de todo y se apartó. En este vídeo de 30 segundos hace una referencia visual de su entorno (obtiene la imagen completa) y se aparta (resuelve el problema), de forma que ayuda al resto (toma la perspectiva). Por contra, si yo me hubiese limitado a decir "Freddie, apártate", habría seguido la indicación, pero es dudoso que hubiese obtenido la misma referencia visual del contexto, y la resolución del problema habría sido mía en vez de suya.

Estás pisando la camiseta. Este es otro ejemplo personal y otro vídeo que suelo compartir por la misma razón. ¿Qué voy a decir? Mis hijos estaban aprendiendo a ser conscientes de su propio cuerpo. En este ejemplo, mi hijo menor, Desmond, estaba recogiendo su ropa limpia... bailando. No se había dado cuenta de que una camiseta limpia se había caído al suelo y la estaba pisando. Cuando hice la afirmación, se detuvo un par de segundos, dijo "¿Eh?" y miró hacia el suelo. Vio la camiseta, la recogió y continuó con su baile. Un "¿Eh?" es un buen indicador de progreso: el niño acaba de darse cuenta de que debe resolver un problema. En el vídeo se puede observar cómo Desmond hace un referencia visual del entorno (contempla la imagen

Capítulo 3: Más allá del contacto visual

completa), deja de bailar (se autorregula) y toma la decisión de recoger la prenda (resuelve el problema). Una vez más, si me hubiese limitado a usar, de forma imperativa, "Recoge esa camiseta", se habría perdido ese precioso instante de aprendizaje social.

> **Si me hubiese limitado a usar, de forma imperativa, "Recoge esa camiseta", se habría perdido ese precioso instante de aprendizaje social.**

Un último ejemplo sobre esto.
Me pregunto qué estarán haciendo los otros niños. Imagina que estás animando a un niño con dificultades para el aprendizaje social a que juegue con otros niños en el parque. Pero ese niño no sabe cómo unirse a ellos o, aparentemente, prefiere jugar solo. Si eres capaz de ayudar a que el niño se sienta tranquilo observando al resto, sin presionarle para que se una a ellos, habrás encontrado una forma muy cómoda de que acaben jugando juntos. Esto es lo que podrías hacer: ponte junto a ese niño y comunícale la expresión declarativa *Me pregunto qué estarán haciendo los otros niños.* El niño no se sentirá presionado para hacer nada concreto que pueda producirle preocupación o ansiedad, y tendrá un espacio para observar el parque junto a ti.

Puedes ir ampliado la orientación según sea necesario. Una vez que el niño preste atención, puedes orientar su observación hacia el lugar correcto mediante otra expresión declarativa, *Parece que están en la arena.* Entonces, tendrás una buena oportunidad para ayudar a que el niño entienda lo que están haciendo. *Parece que están en la arena. Veo que cargan un camión de juguete de arena y la vuelcan en un cubo.* Estarás orientando la referencia visual del niño, ayudándole a que sepa dónde mirar y también a entender, o deducir, el sentido de lo que está observando; todo ello mediante expresiones declarativas.

Manual del lenguaje declarativo

Quizá quieres dar un paso más y hacer una invitación sencilla, como, *No sé si te gustaría jugar con ellos...* Solo una invitación, sin presiones, para que el niño pueda aceptarla, pero dando la oportunidad de que la rechace. Quizá el niño se una al juego otro día, porque ya será capaz de entender lo que ve y, como resultado, estará más cómodo participando.

Se habría perdido toda oportunidad de enseñanza si hubieses utilizando un imperativo, *Vete a jugar con los otros niños*, o una pregunta, ¿Qué están haciendo los otros niños? La expresión imperativa implica una demanda que puede provocar estrés, y una pregunta así podría suponer un problema para un niño con dificultades para el aprendizaje social. Cualquiera de las dos podría haber activado una respuesta de lucha/huida/bloqueo. Por contra, las expresiones declarativas orientarán desde la reflexión, generarán curiosidad sobre los compañeros y proporcionarán la oportunidad de que el niño con dificultades para el aprendizaje social perciba la situación como una oportunidad de juego.

Según vayamos avanzando hacia otras áreas del aprendizaje social, recuerda pensar más allá del contacto visual. Utiliza el lenguaje declarativo para, en su lugar, propiciar la referencia visual. Más importante todavía, asegúrate de hacer una pausa tras cada expresión para darle tiempo al niño a procesar lo que has dicho y tener su propio momento de "¿Eh?". Cuando empieces a notar que el niño comienza a mirar espontáneamente, percibiendo y deduciendo las cosas por sí mismo, sentirás un orgullo especial.

CAPÍTULO 4:
Uso de la memoria episódica para resolver problemas

En este capítulo hablaré de la memoria episódica. Existen muchos tipos de memoria diferentes, pero quiero hablar de la memoria episódica porque resulta imprescindible para las competencias sociales. La memoria episódica es la que utilizamos para recuperar recuerdos o experiencias pasados que resultan relevantes para el aquí y el ahora. Siempre que nos encontramos ante una situación nueva, nuestro cerebro buscará inmediatamente en su disco duro otra similar. Aunque este proceso es bastante inconsciente, no es raro que pensemos, "¿En qué otro sitio he estado que me recuerda a este?". O, "¿Cuándo he estado en una situación similar y qué hice entonces?". Nuestras mentes buscan constantemente coincidencias y patrones para saber qué hacer en cada momento. Si te consideras socialmente competente, hay bastantes posibilidades de que tengas una buena memoria episódica. Siempre que encuentras un contexto o situación nuevos, no te asustas porque eres capaz de saber qué hacer en base a tus experiencias pasadas.

La memoria episódica es la que utilizamos para recuperar recuerdos o experiencias pasados que resultan relevantes para el aquí y el ahora.

Manual del lenguaje declarativo

Piensa ahora en la situación inversa. Si tu memoria episódica no es muy buena, cada nueva situación, interacción o entorno te resultarán desconocidos. No podrás recordar y utilizar el conocimiento de experiencias pasadas. Como resultado, te desconcertarás ante nuevos problemas, situaciones o personas con las que te comuniques. Quizá te sientas incluso asustado, dependiendo de la dinámica del contexto.

Vamos con dos ejemplos.

Cuando estaba en la universidad, recorrí Europa junto a mi amiga Maria. Fuimos a Praga, en lo que entonces era Checoslovaquia. Recuerdo con nitidez entrar en una tienda de alimentación. Había muchas cosas distintas. El idioma era distinto, la comida era distinta y los pasillos eran más estrechos que los que solía encontrar en las grandes tiendas de Estados Unidos. Si me hubiese centrado en las diferencias, no tengo ninguna duda de que me hubiese sentido confusa e, incluso, asustada. Sin embargo, como tengo una memoria episódica intacta, mi cerebro se ocupó, de forma natural, en notar las similitudes. Sí, había muchas diferencias, pero en general aquel lugar se correspondía a lo que mi cerebro identificaba como "tienda de alimentación". Había pasillos, comida en las estanterías, cestas para llevar la compra y una cajera a la que pagaríamos cuando hubiésemos terminado. Había muchas cosas diferentes, pero Maria y yo supimos lo que hacer, porque sabíamos cómo funcionaban las tiendas de alimentación. Éramos (bastante) competentes socialmente en aquel entorno extraño para nosotras. Si lo piensas, es bastante increíble.

Otro ejemplo. Hace poco hicimos un viaje familiar al parque Legoland, en Florida. Por culpa de una ventisca nos cancelaron el vuelo de vuelta y la aerolínea no disponía de plazas para los tres días siguientes. Es evidente que hay cosas bastante peores que quedarse varado en Florida en pleno invierno, pero, desde un punto de vista práctico,

Capítulo 4: Uso de la memoria episódica para resolver problemas

teníamos que decidir qué hacer y dónde quedarnos. Habíamos estado tres noches en Legoland y volver allí (por mucho que nos gustase) habría sido prohibitivo desde un punto de vista económico. Al buscar en mi memoria episódica una situación similar, recordé que mi tío vive en Florida, a solo dos horas de Legoland. Hicimos las correspondientes llamadas, él disponía de espacio, y se tomó la decisión de quedarnos con él y con mi tía durante unos días. Encontramos una solución razonable, incluso placentera, sin grandes preocupaciones, gracias a que mi memoria episódica funciona bien. Por contra, si mi memoria episódica no hubiese resultado tan operativa, podríamos haber terminado pagando mucho más dinero del que habíamos presupuestado para el viaje. Lo solucionamos gracias a mi tío y a mi capacidad de encontrar coincidencias entre situaciones actuales y recuerdos relevantes.

La memoria episódica también implica experiencias futuras. Siempre que ocurre algo importante, si tienes una buena memoria episódica, almacenarás esos recuerdos para usos futuros. Quizá te digas, "Esto es importante, debería recordarlo". O, si has cometido un gran error, quizá aprendas inmediatamente de ello, porque no quieres volver a cometerlo otra vez. Es posible que hayas comenzado en un nuevo empleo y no hayas calculado bien el tiempo de desplazamiento para llegar allí. Si no quieres llegar tarde, lo más probable es que, al día siguiente, salgas antes de casa, porque tu memoria episódica futura se ha activado y te ha dicho que cambies los planes. Sí, la memoria episódica puede ayudarte hasta a no perder tu nuevo empleo.

La memoria episódica es fundamental para la competencia social. La necesitamos para sentir que estamos preparados ante nuevos problemas. La necesitamos para gestionar situaciones nuevas. Y la necesitamos para ser independientes en la vida.

Manual del lenguaje declarativo

La memoria episódica es fundamental para la competencia social. La necesitamos para sentir que estamos preparados ante nuevos problemas. La necesitamos para gestionar situaciones nuevas. Y la necesitamos para ser independientes en la vida.

Estas son algunas situaciones en las que podemos ayudar a los niños con dificultades para el aprendizaje social a fortalecer su memoria episódica.

Recuerdo que la última vez que te olvidaste de los deberes le enviamos un correo electrónico a tu profesora. En esta situación, estás ayudando al estudiante a recordar que ya ha tenido experiencias con el mismo problema y que hubo una solución. El lenguaje le guiará a recuperar el recuerdo en el momento en que es necesario. Como los niños adquieren experiencia en estas ocasiones, plantéate ir reduciendo la intensidad hacia algo como *Recuerdo que ya te pasó otra vez y lo solucionamos. ¿Quizá si tú también lo recordases...?* No pasa nada si el niño no lo recuerda. Añade información para estimular la memoria, con la intención de solidificar los recuerdos para la próxima vez: *Pues... me acuerdo de que le enviamos un correo electrónico a tu profesora. Podemos volver a probarlo.*

En caso de utilizar el imperativo, sería algo como ¿Qué vas a hacer con tus deberes? Esto proyecta presión en el niño para que dé una respuesta o una solución, de la que podría no disponer en ese momento, y quizá crearía una amenaza percibida que activaría la respuesta lucha/huida/bloqueo. Es evidente que eso no es lo que queremos. Recuerda acompañar y orientar al niño hacia el recuerdo de una situación similar de manera positiva.

Esto me recuerda a un juego que ya conoces. En este caso, imagina que el niño no quiere jugar a un juego nuevo. Está impactado y

Capítulo 4: Uso de la memoria episódica para resolver problemas

cerrado a la novedad de la situación. De lo que no se da cuenta es de que, aunque el juego *es* diferente, comparte patrones con muchos otros. Ese patrón predecible de juegos que se convierten en otros es fácil de aprender. En ese momento, el niño con dificultades para el aprendizaje social puede centrarse en las diferencias, pero gracias a tu orientación, a tus expresiones declarativas, puede poner de relieve los parecidos. Esto puedo ayudar a que el niño se sienta más cómodo probando algo nuevo.

Para ilustrar esta idea, piensa en los juegos de la Oca y Serpientes y escaleras. Son diferentes, pero contempla todas su similitudes. Hay una ficha que avanza por un camino a un destino final. ¿Cuántos juegos son así? Muchísimos. Poner de relevancia las similitudes ayudará a que el niño reduzca su ansiedad y esté más dispuesto a unirse al juego.

Por contra, la versión imperativa sería algo como, *Juega a este juego* o, incluso, indicar cada acción individual del juego: *Pon aquí la ficha*, *Tira el dado*, *Mueve la ficha*, *Salta el puente*, etc. Si indicamos cada paso a medida que el niño está jugando, sin darle la oportunidad de ver que, probablemente, ya conoce el patrón, le estamos hurtando la posibilidad de hacer uso de su memoria episódica.

Vamos con un último ejemplo.

¿Te has dado cuenta de que los niños luchan por ver quién va primero? Es así. En vez de interrumpir la discusión, utiliza el lenguaje declarativo para animar a los niños a que rememoren los recuerdos compartidos de sus juegos. Podrías, por ejemplo, decir, *Recuerdo que Johnny fue el primero cuando jugamos la última vez, así que lo más justo sería que ahora David fuese el primero...* Aquí podrás sembrar las semillas de los recuerdos futuros: *Recordemos que, cuando empecemos otra partida, Johnny volverá a ser el primero.*

Manual del lenguaje declarativo

En contraste a esto, el lenguaje imperativo podría centrarse en el comportamiento desafiante (la discusión) y en tratar de detenerlo (*Dejad de discutir*). El lenguaje imperativo haría que el niño no percibiese el funcionamiento de un patrón superior que se desarrolla a lo largo del tiempo: que normalmente todos procuramos ser justos y hacemos las cosas por turnos. El conocimiento de este patrón social les ayudará en futuras interacciones con sus pares durante el juego.

El lenguaje imperativo haría que el niño no percibiese el funcionamiento de un patrón superior que se desarrolla a lo largo del tiempo: que normalmente todos procuramos ser justos y hacemos las cosas por turnos. El conocimiento de este patrón social les ayudará en futuras interacciones con sus pares durante el juego.

Recuerda que puedes mejorar la competencia social de los niños si les ayudas a utilizar su memoria episódica en el momento adecuado. Ayúdales a recordar aquello que sea relevante, al tiempo que van almacenando otros recuerdos importantes de cara al futuro. La próxima vez que sientas el impulso de intervenir para resolver un problema que tenga el niño, o para decirle lo que debe hacer, procura contenerte. En vez de eso, utiliza comentarios declarativos para invitarle a recordar situaciones similares, aunque diferentes, del pasado. Y, desde ahí, puedes orientarles hasta la solución.

CAPÍTULO 5:
Apreciar opiniones diferentes

Asumir la perspectiva de otros es una dificultad bastante habitual en el caso de los niños con dificultades para el aprendizaje social. Al trabajar en la mejora de la capacidad de tomar otros puntos de vista de un individuo concreto, es posible que sientas la necesidad de hacerle ver las cosas como tú las ves. Pero no olvides que la respuesta de lucha/huida/bloqueo se puede activar ante la percepción de cualquier amenaza. Si presionamos demasiado, obligando a los niños a aceptar o ver cosas que no perciben de formal natural, podemos activar la respuesta de lucha/huida/bloqueo. Como resultado, los niños se pondrán a la defensiva y, en vez de estar abiertos a considerar otros puntos de vista, se aferrarán más al suyo propio. Esto resultará en un conflicto y en comportamientos negativos siempre que haya opiniones divergentes. Y no es lo que queremos. Por suerte, hay mejores formas de afrontarlo.

No debemos obligar a que los niños adquieran nuestros puntos de vista. En vez de eso, debemos poner los esfuerzos en generar un ambiente en el que los niños puedan bajar la guardia y sentirse seguros, lo que les llevará a ser curiosos sobre los pensamientos, opiniones y sentimientos de los otros. Debemos crear un entorno en el que los niños no se sientan amenazados ante pensamientos, opiniones o sentimientos diferentes a los suyos. Queremos que descubran, a su

Manual del lenguaje declarativo

propio ritmo, que las opiniones y las perspectivas no son correctas o incorrectas. Solo son diferentes. Queremos que los niños entiendan que yo puedo pensar de una forma al tiempo que tú piensas de otra, y esto no nos convierte en enemigos. Podemos compartir espacios y escuchar lo que los demás tienen que decir, respetarlo, y dejar que esto refuerce nuestra relación. Según vayamos identificando nuestros puntos en común, la situación se irá haciendo más agradable. Pero el descubrir divergencias interesantes nos ayuda a evolucionar. Desarrollamos amistades y relaciones que resultan atractivas porque nunca hay dos personas exactamente iguales.

Debemos crear un entorno en el que los niños no se sientan amenazados ante pensamientos, opiniones o sentimientos diferentes a los suyos. Queremos que descubran, a su propio ritmo, que las opiniones y las perspectivas no son correctas o incorrectas. Solo son diferentes.

Entonces, ¿cómo podemos ayudar a que se abran niños que, de forma natural, están a la defensiva cuando se trata de opiniones diferentes? La respuesta es que también nosotros nos mostremos abiertos. Debes demostrar que eres capaz de compartir espacios y apoyar al niño entre los vaivenes de las opiniones diferentes, sin juzgar. Dale a los niños tantas oportunidades como puedas de escucharte cuando se presentan opiniones diferentes, generando así oportunidades de que sientan seguridad frente a ellas. Dale a los niños la experiencia de estar en desacuerdo contigo al tiempo que transmites que esto no supone un problema. Demuéstrales que no habrá una respuesta emocional evidente cuando piensen de forma distinta a como lo haces tú. Demuestra que lo has percibido y que lo aceptas.

Veamos algunas expresiones de ejemplo con las que puedes ayudar a los niños a poner estas ideas en práctica.

Capítulo 5: Apreciar opiniones diferentes

¡En eso no pensamos lo mismo! Imagina que estás hablando con tu niño sobre algún libro o serie de televisión. Quizá a ti te encanta y a él le deja indiferente. O le encanta al niño y a ti no te gusta. Ponlo de relevancia con una expresión declarativa sencilla que transmita interés y respeto, y que no intente provocar cambios de opinión. Al decir, *En eso no pensamos lo mismo*, estás mostrando, al mismo tiempo, que pensar diferente no supone un problema. Demuestras cómo mantener la comunicación incluso aunque exista una diferencia relevante entre los dos. Le transmites al niño que la diferencia no es un problema. Al mismo tiempo, le ayudas a que te conozca mejor. Es un buen método para hacer que las relaciones evolucionen.

Te encanta jugar con el Lego. En eso somos distintos. Estás demostrando, una vez más, que no pasa nada por disfrutar de cosas distintas o tener intereses distintos. Solo porque te guste el Lego, *Star Wars*, o lo que sea, y a mí no, no significa que no podamos relacionarnos. Al utilizar este tipo de comentarios, también ayudas al aumento de la consciencia de sí mismos. Muchas veces, los niños con dificultades para el aprendizaje social pueden no entender con claridad lo que les gusta y lo que no, o lo que les hace únicos. Quizá tengan una comprensión sesgada, o sus niveles de preferencia y comodidad se pongan de manifiesto mediante respuestas de lucha/huida/bloqueo. Pero, ¿no sería mejor si pudiesen utilizar el lenguaje para expresar con confianza quiénes son? Decirle a los niños expresiones declarativas que describan lo que sabemos de ellos les ayudará a aprender un lenguaje que podrán utilizar ellos mismos.

Me pregunto si a tu amigo le gustarán los pasteles tanto como a ti. Este tipo de expresión invita a tener curiosidad sobre la opinión de otra persona de una forma cómoda y libre de amenazas. Esta expresión no obliga al niño a preguntarle a su amigo si le gustan los pasteles, ni comunica un juicio sobre las preferencias sobre los pasteles. En su

Manual del lenguaje declarativo

lugar, es una expresión que siembra en la mente del niño la semilla de la curiosidad sobre otra persona. Esto es lo que buscamos. Este tipo de expresión suele guiar al niño a pensar: "No lo sé", lo que puede llevar a que le pregunte a su amigo de forma espontánea: "¿Te gustan los pasteles?". Sí, la expresión declarativa provoca que el niño inicie un intercambio para saber más sobre lo que piensan otras personas. ¿No es maravilloso? Esto es lo que les hará evolucionar en la vida: la curiosidad genuina sobre los pensamientos de otros. Esto es lo que les ayuda a crecer y lo que puede propiciar que acepten salir de su zona de confort. Les ayuda a conectar con otros y a construir relaciones.

Hay dos actividades que pueden reforzar esta idea del intercambio de opiniones, siempre que se presenten de una forma declarativa: aceites esenciales y vídeos musicales. En estas actividades comenzarás con varias muestras y las irás presentando de una en una (un aceite o un vídeo musical). Entonces pides opiniones. Plantea la pregunta de qué pensará cada uno sobre el aroma o la música. Utiliza con habilidad el lenguaje que comunique al niño lo interesante que resulta escuchar qué opinan o sienten otras personas, y lo maravilloso que resulta que esas opiniones, con bastante certeza, acabarán siendo distintas.

Como puede tratarse de elementos poco familiares, los niños no habrán desarrollado opiniones que puedan conducirles a sentimientos defensivos o fuertes reacciones emocionales. En vez de eso, puede resultar una actividad atractiva que les permita expresar lo que piensan sobre un determinado aroma o una canción que no conocían previamente. A medida que vayas avanzando en la actividad, deja espacio para que toda opinión sea escuchada y bien recibida, al tiempo que celebras tanto las coincidencias como las discrepancias.

Capítulo 5: Apreciar opiniones diferentes

He descubierto que resulta bastante útil estructurar ligeramente la actividad, utilizando lo que yo llamo una "tabla de opiniones". Solo necesitarás un papel y un lápiz. Dibuja una tabla en la que las columnas correspondan a los nombres de las personas y las filas los aceites o las canciones. Dedica tiempo a escribir en ella las reacciones de todos, haciendo una pausa para determinar si las opiniones coinciden o son diferentes (puedes ver un ejemplo en la página 35).

Veamos un ejemplo de un grupo de niñas que dirijo. Estas niñas estaban consolidando su amistad de una forma muy natural, hasta que descubrimos que Elizabeth se sentía mal siempre que su compañera Heidi tenía una opinión diferente sobre a qué jugar o qué hacer. Utilizamos esta actividad para ayudar a las niñas a entender que su amistad podía incluir opiniones diferentes y, de hecho, reforzarse gracias a ello. Fue una gran ayuda. Sin embargo, a medida que las niñas van creciendo, debemos volver al tema de cuando en cuando.

TABLA DE OPINIONES

Escribe las opiniones o reacciones de todos al oler los aromas

Nombre → Aroma ↓	Linda	Heidi	Elizabeth	Charlotte
Naranja dulce	¡Me encanta!	No está mal	No lo sé	¡Yupi!
Lavanda	No me gusta	Está bien	¡Qué asco!	Me gusta
Romero				

Puedes descargar una copia de la tabla de opiniones en
www.declarativelanguage.com

Manual del lenguaje declarativo

Hay que mostrar a los niños, de forma gradual, que todos tenemos parecidos que nos conectan, y diferencias que fortalecen nuestras relaciones.

Ten en cuenta que siempre que el niño comunique alguna opinión —ya sea verbalmente o mediante el lenguaje corporal—, debes aprovechar la oportunidad para demostrarle cómo podéis estar conectados incluso aunque penséis de forma diferente. Utiliza el lenguaje declarativo para darle nombre al sentimiento u opinión que haya surgido: ¡Vaya! Eres muy fan de XYZ. Entonces, haz una expresión declarativa que nombre tu propia opinión y si coincide o es diferente: *Yo pienso de una forma completamente distinta. ¡Cómo mola!* Muestra, de forma gradual, que todos tenemos parecidos que nos conectan, y diferencias que fortalecen nuestras relaciones.

CAPÍTULO 6:
No pasa nada por cometer errores

Este área es fundamental para los niños con dificultades para el aprendizaje social. Conozco a muchos niños que son durísimos consigo mismos siempre que comenten un error. Le tienen miedo a equivocarse, y se sienten fatal cuando se dan cuenta de que han cometido algún tipo de error. Esta incomodidad frente a los errores puede llegar a ser muy incapacitante. Es posible que rehuyan las nuevas experiencias o abandonar su zona de confort, porque no quieren ponerse en una situación en la que no sepan qué hacer y, con ello, cometer un error. El resultado es una limitación significativa de sus oportunidades para evolucionar y aprender.

En algunos niños se activará la respuesta lucha/huida/bloqueo al darse cuenta de que han cometido algún error. Se pueden producir arrebatos emocionales que tardarán un buen rato en calmarse. Quizá se empeñen en afirmar que no se han equivocado. Pueden encerrarse en sí mismos, experimentando sentimientos crecientes de tristeza y autocompasión.

¿Cómo podemos ayudar a los niños para que acepten sus errores? Esta aceptación es crucial en el aprendizaje, el crecimiento y para sentirse cómodos consigo mismos.

Manual del lenguaje declarativo

En primer lugar, si queremos que los niños mejoren en la gestión de sus errores (aceptándolos, dándoles una respuesta y manejándolos) debemos, como maestros de vida suyos que somos, aceptar los errores que *ellos* cometan. Es responsabilidad nuestra asegurarnos de que los errores se producen en un contexto seguro, para que los niños puedan desarrollar las habilidades y confianza que les lleven a solucionarlos. El uso del aprendizaje sin errores, donde se le indica al niño cuál es la respuesta correcta de forma casi instantánea, es contraproducente para lograr este fin. El aprendizaje sin errores refuerza la idea de que no está bien cometer errores. ¿Te imaginas lo estresante que sería el que alguien saltase como un resorte y te corrigiese cada vez que te equivocas? ¡Qué desalentador! Debemos darles a los niños tiempo y espacio para que cometan errores, para que se sientan cómodos con ellos y, en último término, sean competentes para solucionarlos.

> **Es responsabilidad nuestra asegurarnos de que los errores se producen en un contexto seguro, para que los niños puedan desarrollar las habilidades y confianza que les lleven a solucionarlos.**

Estos son algunos ejemplos de mis perfeccionistas favoritos.

Empezaremos con mi hijo Desmond. Un día, cuando estaba en primero, vino a casa muy preocupado por un papel de su carpeta. Había escrito a mano la palabra "arroyo" diez veces. Cuando le pregunté el motivo, me respondió con contundencia que NO quería hablar de ello. Le insistí con cuidado y terminó por contarme que había escrito "arroyo" como A-R-R-O-L-L-O. Su profesora le mostró la forma correcta de escribirla en la *Pared de las palabras* de su clase y, como era un error bastante común, le dijo que la copiase diez veces para recordarla mejor. Sus defensas se activaron de inmediato. Insistió en que su forma de escribirla era mucho más lógica, aportando

Capítulo 6: No pasa nada por cometer errores

pruebas tan sólidas como "pollo" o "rollo". En el fondo creo que tenía razón, pero le expliqué que era una excepción y que estaba en la *Pared de las palabras* por un motivo. Es una palabra complicada y muchos niños se equivocan al escribirla. Al cabo de un rato comenzó a sentirse mejor, pero fue un error que le resultó muy doloroso.

Me acuerdo de otro niño al que conozco bien, Jack. Recuerdo contemplar cómo Jack y su padre, Gary, hacían tarjetas de felicitación para sus compañeros de clase de tercero. A medida que Jack iba escribiendo los nombres, su padre se sentaba a su lado de una forma agradable y colaborativa, dejándole dibujar cuidadosamente las letras y, sí, también cometer errores. Según escribía uno de los nombres, "Madison", Gary observó que lo había escrito con 'e' en vez de con 'i'. Una vez que Jack hubo terminado, miró a su padre en busca de aprobación y Jack le dijo tranquilamente "Creo que has puesto una 'e' en vez de una 'i' en Madison". La cara de Jack mostró sorpresa y miedo al instante. Podías notar el vertiginoso curso de sus pensamientos: ¿qué iba a hacer con ese error en la tarjeta? Afortunadamente, Gary había estado practicando el lenguaje declarativo. Utilizó una expresión declarativa para recordarle a Jack que estaba utilizando un lapicero y que podía borrar el error y corregirlo. La cara de Jack se relajó y el niño se sintió totalmente aliviado.

Las expresiones declarativas, y el momento en el que se pronuncian, son importantes al corregir errores. Si Gary hubiese intervenido en el mismo momento en que observó el error de Jack, habría interrumpido el curso del trabajo del niño. Jack habría hecho la corrección en mitad de la tarea, lo que habría reducido su confianza para seguir avanzando. En vez de eso, Gary esperó a que Jack hubiese terminado de escribir el nombre y buscase, de forma natural, su aprobación. Gary sabía que, en ese momento, Jack estaría preparado para recibir la nueva información (había que corregir una cosa) y también para abordar la resolución de problemas con energías renovadas.

Manual del lenguaje declarativo

En ese momento, Gary hizo algo mucho más importante que enseñarle a Jack cómo escribir Madison. Le mostró al niño que no pasa nada por cometer un error, porque sabía que Jack tenía medios para corregirlo. Esta lección de vida se puede aplicar en muchos otros contextos y hará que aumente la confianza de Jack para seguir aprendiendo. Esto es lo más importante.

De hecho, desde ese día Jack ha salido de su zona de confort de muchas formas. Estoy segura de que el estilo de orientación de sus padres, que le permite cometer errores, ha sido de mucha ayuda. Por ejemplo, Jack se presentó al consejo escolar en secundaria, y ganó. Antes del día de las elecciones, tuvo que plantarse delante de sus compañeros de clase y pronunciar un discurso. Que fuese capaz de hacerlo, ilustra su evolución personal hacia alguien que no permite que sus miedos tomen decisiones por él.

Estas son las habilidades que buscamos desarrollar. No se trata de un abandono imprudente, sino de que nuestros niños con dificultades para el aprendizaje social afronten con valentía ir más allá de su zona de confort. Queremos que se sientan cómodos probando cosas nuevas y que, de forma espontánea, busquen nuevos retos y oportunidades de crecimiento. Para ello, debemos prepararnos para manejar el aprendizaje en todas las formas, errores incluidos. Cuantos más errores experimenten los niños y más sean conscientes de su capacidad para resolverlos, mayor será su resiliencia. Notarás los cambios en que se enfadarán menos, serán más abiertos y se recuperarán más rápido cuando cometan un error.

Vinculemos ahora estas enseñanzas con el lenguaje declarativo. Comencemos por los pequeños errores que cometemos a diario. Hay que quitarle hierro a los errores hablando de ellos en presencia del niño, al tiempo que comentamos cómo nos hemos sentido

Capítulo 6: No pasa nada por cometer errores

ante el error, cómo hemos gestionado la situación y cómo lo hemos solucionado.

Algunos ejemplos cotidianos.

Te equivocas de calle cuando vas conduciendo. Habla en voz alta para que el niño sea consciente de lo que ha ocurrido: ¡Vaya! Me he equivocado de calle. Tenemos que dar la vuelta. No pasa nada, vamos a llegar igual.

En la cocina.
¡Anda! Se me ha caído la leche. Ningún problema. Voy a coger papel de cocina.
¡Lo siento! Creí que querías arándanos con el yogur. Culpa mía.

El que podamos poner nuestro error de relevancia y, después, mostrar cómo lo asumimos, es una herramienta muy poderosa. Procuro decir "culpa mía" cuando estoy con niños, incluidos mis hijos. Quiero hacerles ver y escuchar que nadie es perfecto, y que todos debemos aprender a gestionar nuestros errores.

El que podamos poner nuestro error de relevancia y, después, mostrar cómo lo asumimos, es una herramienta muy poderosa.

Ya he mencionado esto en el ejemplo de Jack, pero es importante insistir en ello. Cuando tratas de orientar a los niños para que reconozcan y gestionen sus errores, es importante hacerlo con calma. Debes permitir que el niño tenga la oportunidad de darse cuenta por sí mismo. El descubrimiento es una parte esencial del proceso. Es mucho más fácil encontrar una solución y sentirse cómodo con el error cuando lo descubrimos nosotros mismos. Y el que haya alguien de confianza cerca a quien pedir ayuda resulta muy tranquilizador.

Manual del lenguaje declarativo

Así, cuando observes que el niño comete un error, trata de esperar tranquilamente. Deja que lo descubra él primero y, después, hazle saber que le ayudarás si es necesario. Si el niño no percibe el error, puedes orientar su observación mediante una expresión declarativa. Algunos ejemplos:

Creo que esa palabra se escribe con 'e'.
Igual habría que volver a comprobar el número 2.
¡Vaya! Se ha caído agua.
Vamos a comprobar dónde has puesto la pieza.

Cuando observes que el niño comete un error, trata de esperar tranquilamente. Deja que lo descubra él primero y, después, hazle saber que le ayudarás si es necesario.

Después, no te apresures en resolver tú el error. Limítate a utilizar una expresión declarativa que oriente el descubrimiento de este, y espera. Una vez que el niño lo vea, dale espacio para que pueda resolverlo por sí mismo. Que tenga unos momentos para pensarlo. Aquí es donde se desarrollan las habilidades activas de resolución de problemas.

Por ejemplo, haz que note que se ha derramado el agua y, entonces, haz una pausa. Te aseguro que se le ocurrirá algo para limpiarlo. O, también, si les orientas a revisar un problema de matemáticas, es bastante probable que acaben por encontrar el error y solucionarlo ellos mismos.

Sin embargo, si el problema supera la capacidad del niño y esperamos, es seguro que harán una referencia visual pidiendo ayuda, porque has esperado pacientemente a que sea él quien la reclame. Has ayudado a conservar su propia iniciativa y, llegado el momento

Capítulo 6: No pasa nada por cometer errores

en que esté listo para recibir ayuda, será la oportunidad para mejorar sus herramientas de resolución de problemas.

En los grupos de nuestra clínica, nos centramos mucho en la idea de que "No pasa nada por cometer errores". De hecho, durante los campamentos en vacaciones, dedicamos dos días enteros solo a eso. Hemos utilizado expresiones declarativas para enseñarles a los niños cómo algunos errores se convierten en descubrimientos importantes (patatas fritas, galletas con virutas de chocolate, etc.), que los errores pueden ser divertidos ("¿Te he contado cuando mi hermana se confundió y fue al colegio con dos zapatos distintos?"), cómo podemos utilizar los errores para crear cosas nuevas, y cómo los errores, incómodos en ocasiones, nos ayudan inevitablemente a evolucionar. Existen muchos libros que tratan este tema, divertidos e interesantes para leer con los niños. Algunos de los que suelo leer habitualmente son: *Amelia Bedelia*, de Peggy Parish; *Beautiful Oops*, de Barney Saltzberg; *Mistakes that Worked*, de Charlotte Foltz Jones; *Don't be Afraid to Drop!*, de Julia Cook; *Your Fantastic, Elastic Brain: Stetch It, Shape It*, de JoAnn Deak; y *The Most Magnificent Thing*, de Ashley Spires.

Como colofón a este capítulo, toma nota de estas expresiones declarativas que harán que los niños ganen confianza en relación a los errores:

¡Seguro que puedes solucionar ese error!
Ese error me ha hecho reír.
A ver cómo podemos solucionarlo. Seguro que juntos lo conseguimos.
Recuerdo haber cometido este error. Dime si necesitas ayuda.
Seguro que lo resuelves. Si me necesitas, aquí estoy.

Manual del lenguaje declarativo

Recuerda, la próxima vez que veas que el niño comete un error, o está a punto de cometerlo, no saltes como un resorte a corregirle. Siempre que no afecte a su seguridad, dale tiempo para que lo cometa y aprenda a solucionarlo. Esto hará que se sienta más cómodo con las emociones asociadas a cometer errores. Si le corregimos demasiado rápido, o impedimos que cometa errores, ¿cómo pretendemos que gestione estas situaciones en el mundo real? Utiliza expresiones declarativas oportunamente para mostrar tu apoyo emocional, paciencia y orientación siempre que enseñes a un niño a desenvolverse con los errores.

CAPÍTULO 7:
Pensar en alternativas y posibilidades

La siguiente área importante para ayudar a los niños con dificultades para el aprendizaje social está relacionada con la resolución de problemas: pensar en términos de alternativas y posibilidades. Muchas personas que piensan en términos absolutos, o de blanco o negro, se sienten cómodas resolviendo problemas de una manera concreta. Como puedes imaginar, cuando su método de hacer las cosas en inviable, la situación puede ser muy estresante. Pueden sentirse agobiados e insistir en hacer las cosas como siempre. Esta preocupación se puede comunicar a través de un comportamiento desafiante: discutiendo, bloqueándose, con un berrinche, etc. Ante esta situación, el primer instinto del docente o cuidador puede ser tratar de forzar un cambio en el comportamiento. Cambiar el comportamiento es correcto, pero la forma de influir más en el largo plazo está en el pensamiento de origen. Si somos capaces de hacer que los niños piensen en el problema con más flexibilidad, obtendremos respuestas más flexibles. Queremos que los niños con dificultades para el aprendizaje social piensen de forma positiva en las posibilidades que se presentan ante cualquier situación, en vez de que se bloqueen porque se sienten en un callejón sin salida.

Manual del lenguaje declarativo

Veamos un ejemplo que ilustra el pensamiento en alternativas y posibilidades.

Imagina que una mañana te diriges al trabajo y se te pincha una rueda del coche. Para empezar, no te asustas porque tienes buena memoria episódica y se te ocurren varias soluciones. Empiezas a pensar: ¿Llamo a la asistencia en carretera? ¿Voy andando? ¿Llamo a un taxi? ¿Tomo el autobús? ¿Llamo a un amigo? Piensas en todas las soluciones posibles ante el pinchazo de una rueda, por experiencia propia o ajena. Después de valorar todas las soluciones posibles, eliges la mejor. De eso trata el pensamiento en alternativas: valorar muchas ideas posibles y decidir cuál es la mejor en ese momento. Precisamente en esto es en lo que nos interesa que mejoren los niños.

Para trabajar con los niños en esta habilidad hay que tener claro que la situación de estrés no es el momento más oportuno para intentarlo. Es mucho mejor plantear las posibilidades del funcionamiento de este tipo de pensamiento cuando la cosa está tranquila. El primer objetivo es, simplemente, tratar de ayudar a que los niños se abran a contemplar varias ideas, en vez de una sola. De momento, no es necesario que tomen ninguna decisión. Basta con que escuchen lo que estás pensando.

Estos son algunos ejemplos de cómo utilizar el lenguaje declarativo para poner este pensamiento en marcha.

Caminas por el parque y piensas en voz alta utilizando esta expresión declarativa: *Quizá hoy podríamos hacer un recorrido diferente al de otros días...*

O llevas al niño al colegio en coche y comentas, *¡Vaya! Hay obras. Parece que vamos a tener que desviarnos.*

Capítulo 7: Pensar en alternativas y posibilidades

En la escuela, imagina a los niños trabajando en un proyecto relacionado con el océano. Tienen que utilizar un trozo grande de papel azul. Pero te das cuenta de un problema y lo comunicas empleando una expresión declarativa: *¡Ups! Solo queda un trozo de papel azul. ¿Qué tal si, en su lugar, utilizamos papel blanco y pintura azul, o papel verde?*

Una vez que hayas empezado a utilizar el pensamiento en alternativas, anima a los niños a proponer ideas siempre que sea posible. Aquí es necesario ir más despacio para que surjan ideas nuevas. Al proponer ideas, me gusta decirle a los niños, "Cualquier idea es buena y hay que anotarla". Lo digo porque algunos niños dudan al anotar una idea cuando consideran que no es perfecta. Les preocupa que no sea lo suficientemente buena y no quieren comprometerse mientras siguen buscando una opción mejor. Pero esto es lo importante: escribir todas las ideas, aunque no sean las mejores, estimula la creatividad de todos. Al decirles que cualquier idea es lo suficientemente buena como para anotarla, si notas que los niños dudan, asegúrate de añadir esta expresión declarativa: *No tienes que utilizar lo que escribas, salvo que quieras hacerlo.* Diles que el acto de proponer ideas hará que surjan otras nuevas. Ayúdales a ponerse en una situación en la que tengan la suficiente confianza como para proponer ideas y que puedan sentir el placer de notar cómo van fluyendo.

Al proponer ideas, me gusta decirle a los niños, "Cualquier idea es buena y hay que anotarla". Ayúdales a ponerse en una situación en la que tengan la suficiente confianza como para proponer ideas y que puedan sentir el placer de notar cómo van fluyendo.

Al proponer ideas, siempre es igual de importante que los docentes y cuidadores hagan expresiones declarativas que muestren una

Manual del lenguaje declarativo

apertura a cualquier aportación. Aunque, inicialmente, esta no tenga mucho sentido. Siempre puedes decir, por ejemplo, *¡Vaya! ¡Qué idea tan buena!* Acepta y respeta todas las ideas, para que los niños sientan seguridad y sigan participando.

Al proponer ideas, siempre es igual de importante que los docentes y cuidadores hagan expresiones declarativas que muestren una apertura a cualquier aportación. Aunque, inicialmente, esta no tenga mucho sentido.

¿Recuerdas el ejemplo de Eliza y sus muñecas de madera? Inicié un proceso de proposición de ideas con un comentario: *Me pregunto qué será eso...* mientras analizábamos un trozo de tela que estaba alrededor del cuello de la muñeca. En mi mente era una corbata. Pero permanecí en silencio después de la expresión declarativa, y me alegro de haberlo hecho. Eliza tenía una idea diferente a la mía y, además, era fantástica. En aquel momento pude contemplar el poder del lenguaje declarativo, porque supone una invitación a las ideas de todos, y todos nos beneficiamos de alternativas que no contemplábamos.

Cuando comiences el proceso en casa, utiliza momentos oportunos a lo largo del día para practicar el pensamiento en alternativas. Seguro que habrá muchas ocasiones en las que te adelantas y tomas decisiones sin decirle nada al niño. Pero si te tomas un momento, paras, e invitas a aportar ideas mediante el lenguaje declarativo, estarás enseñando, de una forma positiva, lecciones de aprendizaje social muy importantes. Estás abordando un proceso, normalmente elusivo, de forma transparente a nuestros pensadores en blanco y negro. Podrías decir, por ejemplo, *Estoy intentando decidir si hoy vamos a la biblioteca andando o en bici* o *Tenemos que llevar la basura al contenedor. No sé si será mejor esta noche o mañana por la mañana.*

Capítulo 7: Pensar en alternativas y posibilidades

También puedes mostrar que las ideas alternativas pueden ser muy divertidas. Por ejemplo, invita a todos a sentarse a cenar en sillas diferentes de las habituales porque... ¿por qué no? *Esta noche nos cambiamos las sillas.* O plantea qué pasaría si tomamos el postre antes de cenar: *¿Cómo será tomar el postre antes que la cena? ¿Y si cenas el menú del desayuno? Tengo una idea divertidísima para la cena de esta noche.* Hay muchas formas entretenidas de hacer cambios en las cosas para ilustrar los beneficios de aceptar distintas posibilidades. Si alguna de las opciones supone un factor estresante para el niño, no la fuerces. Limítate a llevar a cabo la idea por tu cuenta, diciendo algo como *Ya sé que ahora no quieres hacer esto. No pasa nada. Pero yo lo voy a intentar.*

Estos son algunos comentarios declarativos más que se centran en el pensamiento en alternativas y posibilidades:
Me pregunto qué mermelada le podríamos poner a las tostadas hoy.
Veo que nos hemos quedado sin grapas. Me pregunto qué podríamos utilizar en su lugar.
¡Vaya! La puerta está cerrada. Me pregunto cómo podremos entrar si no podemos hacerlo de la forma normal. Me pregunto qué podríamos hacer.

Recuerda, cuanto más fácil resulte pensar en ideas nuevas o diferentes, más tranquila se sentirá una persona, pues no tendrá todos los huevos en la misma cesta. Al pensar en términos de posibilidades, siempre resulta sencillo encontrar una solución cuando las cosas no salen como estaba planeado. Por contra, cuando un niño solo tiene una idea o un plan, las respuestas lucha/huida/bloqueo se presentarán en cuanto no se pueda poner en práctica esa única posibilidad. Se sentirá alterado, enfadado, y los mecanismos de resolución de problemas saltarán por los aires. Utiliza expresiones declarativas para

Manual del lenguaje declarativo

desencadenar el pensamiento en alternativas, invita a compartir ideas y acepta todas las aportaciones.

PARTE 3:
MECÁNICA

CAPÍTULO 8:
Las piezas del puzzle: construir expresiones declarativas

Hemos hablado mucho sobre los diversos beneficios que el uso del lenguaje declarativo ofrece para el aprendizaje social. Volvamos ahora sobre la propia definición de lenguaje declarativo y analicemos las piezas que nos ayudan a construir este tipo de expresiones, para que te conviertas en todo un experto.

Como recordatorio, el lenguaje imperativo demanda que los niños hagan o digan algo. Por contra, el lenguaje declarativo les *invita*. El lenguaje imperativo está compuesto de órdenes y preguntas que solo pueden obtener respuestas correctas o incorrectas. El lenguaje declarativo es un conjunto de expresiones o comentarios para los que no existe una respuesta cierta o incierta.

En ocasiones la gente, cuando se está iniciando, le hace muchas preguntas a los niños, pensando que eso es lenguaje declarativo. No lo es. No olvides nunca que las preguntas no son lenguaje declarativo. Quizá la pregunta incorpore una gran idea pero, para que sea declarativa, debe tener la forma de un comentario. Las preguntas suponen

Manual del lenguaje declarativo

para los niños una demanda de procesamiento y formulación adicional, lo que hace que sean más complicadas de responder. Las expresiones declarativas son una orientación sin agresividad. Acostúmbrate a convertir las preguntas en comentarios.

Las preguntas no son lenguaje declarativo. Quizá la pregunta incorpore una gran idea pero, para que sea declarativa, debe tener la forma de un comentario.

Estas son algunas de las preguntas que más me encuentro:

¿Qué tienes que hacer ahora?
¿Qué te falta?
¿Qué necesitas?

Como ideas para iniciar la comunicación están muy bien, porque invitan al niño a que se dé cuenta de algo y actúe. Pero, al ser preguntas, suponen demasiadas demandas. Podemos transformarlas en comentarios:

¿Qué tienes que hacer ahora? → *Me pregunto qué deberías hacer* o *Creo que sería buen momento para hacer X*.
¿Qué te falta? → *Creo que te falta algo* o *Creo que necesitas los zapatos*.
¿Qué necesitas? → *Es la hora de las matemáticas. Vas a necesitar algunas cosas.* o *Es la hora de las matemáticas. Vas a necesitar el lapicero y el libro.*

Visto lo anterior, estos son algunos consejos para formar expresiones declarativas. El lenguaje declarativo es muy variado, por lo que no te sientas en la obligación de aplicar todas las ideas a la vez.

Capítulo 8: Construir expresiones declarativas

Dependiendo de lo que quieras decir, puedes utilizarlas como una guía para obtener el mejor resultado.

1. **Haz comentarios sencillos que indiquen observaciones y que inviten a que el niño también observe.**
   Estos comentarios orientarán al niño a que integre información de su entorno. Ejemplos:
   - *Parece que el perro tiene hambre.* Aquí estarás invitando a que el niño se fije en el perro, se dé cuenta de que el bol está vacío, lo junte todo y llegue a una conclusión, "Tengo que dar de comer al perro". A partir de ahí, el niño podrá resolver cómo hacerlo. Es muy diferente del imperativo "Dale de comer al perro" o, incluso, de la pregunta que implica una demanda, "¿Qué necesita el perro?".
   - *Esas flores son muy bonitas.* Imagina que estás dando un paseo con el niño. Al hacer un comentario sobre aquello que observas durante el paseo, le estás ayudando a recordar algo llamativo del entorno y estás creando un recuerdo compartido del que podréis hablar después. También estás proporcionando un modelo de comunicación para la atención conjunta, que los niños con dificultades para el aprendizaje social pueden no utilizar de forma natural. Esto es importante, porque si queremos que los niños mejoren a la hora de compartir sus experiencias (lo que genera conexiones sociales), tenemos que enseñarles a hacerlo.

2. **Utiliza verbos cognitivos, o verbos que reflejen nuestro pensamiento.**
   Estos verbos ayudan a los niños a mejorar sus capacidades de discurso, resolución de problemas y conexiones

Manual del lenguaje declarativo

sociales. Con ellos, estarás ayudando a los niños a ir más allá de lo concreto y les mostrarás que hay un proceso premeditado detrás de todo lo que hacemos. Los niños que tienen problemas de pensamiento flexible o de perspectiva no conocen esto de forma intuitiva. Un modelo de lenguaje bien pensado relativo a esto, les mostrará cómo se hace y les ayudará a entender mejor las acciones e intenciones de los otros. Les mostraremos que la gente suele *pensar* antes de *actuar*. Algunos ejemplos de verbos cognitivos son:

- Pensar
- Preguntar
- Recordar
- Olvidar
- Saber
- Imaginar
- Decidir
- Desear

Un truco rápido: siempre que vayas a hacer una pregunta, puedes convertirla fácilmente en una expresión declarativa eliminando el interrogante (es decir, qué, por qué, dónde, etc.) y sustituyéndolo por "me pregunto".

Ejemplo: ¿Qué necesitas hacer? puede convertirse en *Me pregunto si sabes qué hacer*.

Esta es una de mis anécdotas favoritas para ilustrar cómo estos verbos, cuando se incluyen en expresiones declarativas, hacen que el discurso suba de nivel. Un niño de 9 años llamado Michael detestaba que lloviese. Le encantaba salir al patio durante el recreo y, cuando llovía, no podía hacerlo. De hecho, siempre que el día estaba lluvioso él llegaba a la escuela

Capítulo 8: Construir expresiones declarativas

diciendo, "No llueve". Los profesores trataban de que dijese lo contrario y, al no lograrlo, llegaban a la conclusión de que estaba siendo muy rígido.

Un día entendí que lo que probablemente ocurría era que Michael tenía problemas para expresar lo que quería decir. Yo sabía que él sabía que estaba lloviendo. Ese no era el problema. Así que le dije, "Michael, me pregunto si lo que quieres decir es que *desearías* que no estuviese lloviendo". Él respondió de inmediato, "Sí, deseo que no llueva". Con ese sencillo añadido a su afirmación, pudimos superar la presunción de que era demasiado rígido, y avanzar hacia mejores conexiones sociales y comprensión de las sutilezas del lenguaje. Fue una buena oportunidad para saber más sobre las ideas, opiniones y sentimientos de Michael, y de ayudarle a aumentar su vocabulario para que pudiese expresarse mejor. También fue una oportunidad de ayudarle en la resolución de problemas.

Una vez aclarado lo que quería decir en realidad, le dije, "Ya lo sé, Michael. Es una faena cuando llueve. A la mayoría de los niños no les gusta. La mayoría de los niños se sienten igual que tú, porque no pueden salir al patio y tienen que hacer otras cosas durante el recreo". Inmediatamente la conversación identificó su experiencia y validó sus sentimientos. Después, avanzó hacia la resolución de problemas: "Michael, vamos a pensar en cosas que podrías hacer durante el recreo cuando llueve. No va a ser lo mismo que salir al patio, pero quizá también esté bien".

La expresión declarativa generó un espacio para que Michael expresase sus sentimientos y, después, le orientó hacia la resolución de problemas. La conversación se hizo más rica, más dinámica y más lógica que el debate anterior sobre lo que estuviese haciendo el cielo.

Manual del lenguaje declarativo

> La expresión declarativa generó un espacio para que Michael expresase sus sentimientos y, después, le orientó hacia la resolución de problemas. La conversación se hizo más rica, más dinámica y más lógica.

3. **Utiliza palabras que enfaticen la incertidumbre y las posibilidades.**

¿Recuerdas que, en el capítulo anterior, mencioné cómo ayudar a los niños a pensar en términos de alternativas y posibilidades? Estas son las palabras que llevan a ello. Cuando empiezas a utilizarlas de forma natural en las conversaciones, estarás creando oportunidades para que el niño se sienta cómodo con la incertidumbre, las zonas grises y el concepto de no saber algo. Estas son algunas de las palabras y frases de este tipo:

- Quizá
- Podría
- Posiblemente
- A lo mejor
- A veces
- Estoy/No estoy seguro
- No lo sé

Ejemplos de expresiones declarativas que utilizan estas palabras:
Quizá vayamos a la tienda más tarde.
Podríamos ver qué tiempo va a hacer.
A lo mejor llueve mañana.
Quizá podamos hacer esto de otra forma.
A veces es mejor usar un lápiz que un bolígrafo.

Capítulo 8: Construir expresiones declarativas

Cuando utilices este tipo de expresiones, notarás que te estás alejando de una idea concreta para acercarte al terreno de las posibilidades.

4. **Utiliza palabras que comuniquen tu propia incertidumbre y que reconozcan aquello que no sabes.**
Poner de relevancia tus propias incertidumbres ayudará a los niños que temen equivocarse. Tu predisposición a "no saber" algo les mostrará que es una situación muy normal. Cuando desconozco algo, aprovecho la ocasión para decirle a los niños, *Buena pregunta. De momento no conozco la respuesta. O, No estoy muy segura de ello. ¡Qué buena idea!* Quiero que los niños también se sientan cómodos en esta situación. Quizá, inicialmente, no sean capaces de admitir que desconocen algo pero, poniéndonos como ejemplo, podemos colocarles en una situación en la que no saber algo es completamente normal.

Tu predisposición a "no saber" algo les mostrará que es una situación muy normal.

---

5. **Utiliza palabras relativas a tus sentimientos o sentidos, y palabras que ayuden a que los niños observen el entorno.**
Observamos con los ojos, pero también con el resto de los sentidos. Imagina lo que estarás orientando a observar al niño mediante estas expresiones declarativas:

Noto que se está nublando.
Veo que la profesora está lista para empezar.
Tu madre parece preocupada.
Creo que huele a pizza.
Qué bien huele en la cafetería. Me pregunto qué habrá de comida.
He oído algo.

Manual del lenguaje declarativo

He oído el timbre.
Le oigo reírse. Creo que está muy contento.
He oído que tu amigo ha dicho algo.

Este último ejemplo es importante, porque invita a los niños a darse cuenta de una interrupción de la comunicación (su amigo ha dicho algo y ellos no se han dado cuenta) y deja un espacio para que la reparen. Corregir una interrupción en la comunicación es una habilidad esencial. Es la resolución de problemas en acción. En respuesta a tu comentario, el niño podría pensar, "¿Ah, sí? Voy a ver qué ha dicho", tomando la iniciativa. En contraste a esto, imperativos como, ¿Qué ha dicho tu amigo? o *Pregúntale a tu amigo qué ha dicho*, no le dan al niño la oportunidad de observar qué ha ocurrido. Cuando ayudas a los niños a identificar interrupciones de la comunicación, indicándoles lo que se les ha escapado, sin resolver el problema por ellos, les ayudas a desarrollar habilidades de comunicación muy importantes. Si necesitan ayuda u orientación, está bien proporcionárselas (veremos más sobre esto en los capítulos 9 y 11) pero, como primera respuesta, es mejor hacer un comentario y esperar tranquilamente a que sea el niño quien lo identifique, piense en ello y actúe por su cuenta.

Cuando ayudas a los niños a identificar interrupciones de la comunicación, indicándoles lo que se les ha escapado, sin resolver el problema por ellos, les ayudas a desarrollar habilidades de comunicación muy importantes.

---

6. **Utiliza expresiones en primera persona para que los niños se sientan parte de la acción.**

Capítulo 8: Construir expresiones declarativas

En vez de decirles a los niños lo que deben hacer, enfatiza el concepto de equipo utilizando la primera persona del plural, como *vamos* y *nosotros*.

Ejemplos:

Vamos a vestirnos para salir.
Podíamos ir al cine.
Nos lo vamos a pasar muy bien con este proyecto.

Al emplear la primera persona del singular, como *yo*, *mi* o *mío*, estarás transmitiendo una idea u opinión sin dirigir presión hacia el niño. Estás planteando una idea y mostrando qué hacer pero, como eres tú quien lo hace, estarás crean un espacio para que el niño observe y decida por su cuenta sus acciones.

Ejemplos:

Voy a ponerme los zapatos.
Mi idea es jugar al Scrabble.
Yo estoy deseando ver al abuelo.
Este es mi lapicero. Voy a utilizarlo para escribir mi nombre.

Según te vayas acostumbrando a formar expresiones declarativas, notarás lo mucho que ayuda la práctica. Aplica las sugerencias anteriores a tu propio ritmo. Si te parece demasiado complicado, o que son muchas cosas las que hay que aprender, puedes tratar de ir añadiendo una idea nueva cada semana. O podrías aprovechar alguna rutina diaria del niño, como irse a la cama, y concentrarte tranquilamente en el lenguaje sin otras preocupaciones. A medida que vayas

Manual del lenguaje declarativo

desarrollando la habilidad y la confianza con este nuevo estilo de habla, comenzarás a notar cómo integras las ideas con naturalidad. Con un poco de práctica, se convierte en un proceso automático.

CAPÍTULO 9:
¿No hay que ser nunca imperativo?

Hemos hablado tanto de los beneficios del lenguaje declarativo que, a veces, puede ser un poco abrumador pensar dónde y cuándo empezar a utilizarlo. Especialmente si va a suponer un gran cambio. Quiero que entiendas que aprender a hablar de forma declarativa es un proceso. No ocurre de la noche a la mañana, y cambiar el estilo del habla puede necesitar de un esfuerzo importante. Pero es posible y vale la pena. Según avances, se irá haciendo más sencillo y automático. Te lo prometo.

A medida que la gente se va implicando en el cambio, me suelen preguntar si hay alguna ocasión en la que es adecuado utilizar el lenguaje imperativo. En seguida respondo pero, primero, quiero comentar algo que he notado. La gente se vuelve muy imperativa cuando tiene prisa. Por ejemplo, preparar a los niños por las mañanas para ir al colegio puede ser un momento muy imperativo. Incluso para mí. Sentimos la presión del tiempo y hay que hacer que los niños se pongan en marcha. Los momentos más ocupados no nos permiten hacer la pausa que necesitamos para que el lenguaje declarativo funcione.

En consecuencia, al ir dando tus primeros pasos con el lenguaje declarativo, no intentes aplicarlo en aquellos momentos en los que sepas que vas a encontrarte con estrés y con prisa. En vez de eso, elige

Manual del lenguaje declarativo

momentos del día o de la semana en los que te sea posible formar las expresiones tranquilamente, sin presión. Son los momentos perfectos para practicar. Lo programas, lo planeas y lo haces. Ni siquiera es necesario que se lo digas a nadie. Te aseguro que, durante esta época de prácticas, notarás cambios en los patrones de comunicación con el niño. Tendrás tiempo para respirar y descubrir las nuevas respuestas que obtendrás. Disfrútalo.

Dicho esto, existen tres circunstancias en las que es perfectamente válido utilizar el lenguaje imperativo.

En relación a la seguridad: No podemos permitir que nuestros niños se vean envueltos en situaciones que no sean seguras. Si existe un problema de seguridad y el tiempo es fundamental, puede que necesites utilizar el lenguaje imperativo para transmitir el mensaje con rapidez. Por ejemplo, *Bájate, Dame la mano* o *No corras*, podrían ser imperativos necesarios en determinados momentos.

Cuando establecemos límites: Contrariamente a lo que puedas pensar, no es necesario ser imperativo para establecer límites o ser firme con los niños. Existen expresiones declarativas que también sirven para esto. Pero la diferencia entre el imperativo y el declarativo, al establecer límites, está en que el declarativo le aporta al niño una importante información social, además de tu perspectiva, junto al límite que estás estableciendo. Los imperativos solo le dicen al niño lo que tienen (o no tienen) que hacer. Será decisión tuya en cada momento decidir la cantidad de información que el niño podrá escuchar, procesar y contestar de una forma realista. A veces puedes comenzar con una expresión declarativa, para después darte cuenta de que el niño necesita un lenguaje más directo en ese momento. Estos ejemplos muestran el contraste:

Capítulo 9: ¿No hay que ser nunca imperativo?

- Declarativo: *Es importante que me des la mano en el aparcamiento.*
- Imperativo: *Dame la mano.*

- Declarativo: *No quiero que corras porque ahora no es seguro.*
- Imperativo: *No corras.*

- Declarativo: *Te vas a sentir mal si sigues haciendo eso.*
- Imperativo: *¡Para, por favor!*

Como ya he mencionado, es posible mostrarse firme mediante una expresión declarativa. El beneficio de utilizar el declarativo es que le estarás ofreciendo al niño más información, que le ayudará a comprender el contexto. Muchas veces, cuando los niños reciben esa información adicional, aceptan el límite porque entienden los motivos.

> **El beneficio de utilizar el declarativo es que le estarás ofreciendo al niño más información, que le ayudará a comprender el contexto. Muchas veces, cuando los niños reciben esa información adicional, aceptan el límite porque entienden los motivos.**

Mientras estés aprendiendo: Evidentemente, está bien utilizar el lenguaje imperativo mientras aprendes el declarativo. ¡No hay que ser tan estrictos! Lo más importante de este proceso es que comenzarás a pensar en tu estilo de habla e irás entendiendo lo poderoso que puede llegar a ser decir las cosas de una forma diferente. Y también sabrás que hasta tú puedes cometer errores.

Siempre que utilices un imperativo, allí donde se podría haber empleado el declarativo, tómate un momento para reformular lo que has dicho. Te será muy útil en el proceso de aprendizaje repararlo

Manual del lenguaje declarativo

sobre la marcha. Por ejemplo, si dices, ¿Qué he dicho?, detente unos segundos y replantéalo como: *Perdona. Lo que quería decir es que me pregunto si has oído lo que he dicho.* O, cuando digas, *Apaga la tele* o *Ven a la mesa*, detente y reformula: *Me gustaría que apagases la tele ya, porque es la hora de cenar.*

Empieza poco a poco y con cuidado. De eso trata todo esto. Tu consciencia al hablar se irá imponiendo y mostrará a los niños el poder de la comunicación, y que ellos también pueden aplicarlo. Trata de evitar que el lenguaje imperativo sea tu primera respuesta. Claro que puedes utilizar imperativos si es necesario, pero empieza a darte cuenta de todas las ocasiones en las que no lo es. Cuando encuentres que las expresiones declarativas no están funcionando, puedes probar con algunos de los consejos para resolver problemas, que veremos en el capítulo 11.

Cuando la gente me pregunta sobre el lenguaje imperativo, les digo que esto es lo más importante:

Mucha gente le habla a los niños con dificultades para el aprendizaje social utilizando el lenguaje imperativo, porque creen que es necesario. Puede que, a veces, lo sea, pero muchas otras probablemente no. De hecho, el lenguaje imperativo no es el estilo de habla que les enseñará lo que más necesitan saber.

Los niños con dificultades para el aprendizaje social necesitan, y se benefician, de la riqueza del lenguaje declarativo. Así, el objetivo no consiste en elegir un estilo de habla sobre el otro. El objetivo está en pensar bien las cosas y utilizar el lenguaje imperativo siempre que sea necesario, pero nunca que no lo sea.

PARTE 4:
PAUTAS Y RESOLUCIÓN DE PROBLEMAS

CAPÍTULO 10:
La importancia de las pautas

Unas de las acompañantes más importantes para el lenguaje declarativo son las pautas. "Pautar" significa, en este contexto, reducir suficientemente el flujo de información para que el niño pueda procesar eficazmente lo que le dices y pueda dar una respuesta. Para empezar, esto se concreta en comunicar una sola unidad de información y esperar. Se espera para poder observar las reacciones del niño. Se espera para que este nos pueda indicar que ha recibido el mensaje. Las reacciones pueden ser verbales o no verbales.

"Pautar" significa, en este contexto, reducir suficientemente el flujo de información para que el niño pueda procesar eficazmente lo que le dices y pueda dar una respuesta.

Algunas reacciones pueden incorporar una referencia visual, como vimos en el capítulo 2. El niño podría mirarte si necesita más orientación o si no está seguro de cómo proceder. O podría mirar a su

Manual del lenguaje declarativo

alrededor para identificar aquello de lo que estás hablando. Otra reacción puede ser la de actuar en función de lo que le hayas dicho. Si, por ejemplo, dices *Tu camiseta está en el suelo* y el niño responde dejándola en el cesto, esa es la reacción en respuesta a tu mensaje. Aquí lo importante es que estás expresando un pensamiento, idea, observación, recuerdo, etc., y *esperas* a que el niño demuestre que lo ha escuchado y entendido. Si te precipitas con más información o te repites antes de tiempo, el niño se encontrará con más información que procesar y responder, lo que resulta contraproducente. Es mejor esperar.

Otra buena indicación es cuando observas una reacción en el niño que deja claro que ha entendido o ha hecho un descubrimiento. Esto significa que ha procesado lo que has dicho y, como resultado, se ha dado cuenta de algo. Estos descubrimientos generan confianza y bienestar. Ejemplo: *Se te ha caído algo* (¡Ahí está!) y el niño lo recoge del suelo. Son momentos muy reconfortantes.

Cuando comencé a utilizar el lenguaje declarativo, sabía que esperar era importante. Me obligaba a contar mentalmente hasta 30 antes de decir nada más. Recuerdo con claridad lo asombrada que me quedé la primera vez que contemplé el poder de la espera. Estaba trabajando con Eliza, de tres años. Ella estaba coloreando y yo también quería hacerlo. Lo normal habría sido decir ¿Puedes darme un rotulador? pero, en vez de eso, dije, *A mí también me gustaría colorear*. Entonces esperé sin decir nada. Comencé a contar mentalmente con la intención de llegar hasta 30. Pero unos 10 segundos después, Eliza se puso de pie y me dijo, "Puedo darte un rotulador". Corrió a la otra habitación y me trajo un rotulador para que yo lo utilizase. ¡Me quedé pasmada! No tenía ni idea de si la niña era capaz de hacer esas deducciones o de si podría tomar la iniciativa, sobre todo en base a algo que correspondía a mi perspectiva y mis deseos. Y jamás

Capítulo 10: La importancia de las pautas

lo habría sabido si hubiese seguido hablándole de forma imperativa. Las pautas y el lenguaje declarativo son buenos compañeros. ¡Hay que verlo!

Esta es otra forma de pensar en las pautas y su importancia. Cuando hacemos una pausa, estamos permitiendo que el niño integre todos los fragmentos de información de que dispone. Le damos espacio para procesar lo que hemos dicho, para analizar el entorno, para identificar nuestros sentimientos o los suyos, para recordar cosas relevantes y, en última instancia, para tomar una decisión en base a todos esos factores. Es un proceso complejo, por lo que es evidente que hace falta tiempo.

No subestimes el poder de esperar pacientemente. Recuerda que el silencio es tu amigo. No hay ninguna necesidad de rellenar los espacios vacíos, aunque te resulten desagradables. Si necesitas ayuda para sentir comodidad en medio del silencio, recuerda que le estás dando al niño tiempo para pensar. Después, aprovecha ese tiempo para observar al niño. Espera tranquilamente y observa sus reacciones. ¿Te ha escuchado? ¿Ha entendido lo que has dicho? ¿Quizá está confundido? Es en esos momentos de silencio en los que puedes determinar cómo se ha recibido el mensaje y tomar una decisión sobre los próximos pasos a realizar. Por ejemplo, ¿necesita más orientación o ayuda? ¿Debes acercarte y repetir lo que has dicho? En el siguiente capítulo ampliaremos estos consejos. Si es necesario resolver algún problema, estarás en el punto de partida perfecto una vez que hayas esperado y observado. Observar las respuestas del niño desde la calma te ayudará a saber cómo ayudarle mejor.

No subestimes el poder de esperar pacientemente.

Manual del lenguaje declarativo

Como ya he dicho en capítulos anteriores, comienza a utilizar el lenguaje declarativo poco a poco y elige aquellas situaciones en las que sea más fácil tener éxito. Ahora que conoces la importancia de las pautas, comienza a practicarlas junto con el lenguaje declarativo. Elige una situación en la que puedas permitirle contar mentalmente hasta 30 antes de decir nada. Está claro que hace falta fuerza de voluntad, y lo que quiero es que mejores la confianza en tu capacidad para mantener la calma cuando sea necesario. Aprovecha aquellos momentos en los que sabes que no sentirás estrés, en los que puedas detenerte, respirar y decir las cosas de una en una, mientras observas las reacciones del niño.

Estos son algunos ejemplos que ilustran el equilibrio entre las expresiones y las pausas.

Ejemplo 1:
Me pregunto qué deberes tendrás hoy. Pausa para dar tiempo a procesarlo. Después de 10 segundos, Matthew tiene su momento de revelación. Abre la mochila y consulta su agenda.
Me pregunto qué deberes tendrás hoy. Pausa para dar tiempo a procesarlo. Después de 10 segundos, Matthew te mira y dice, "No lo sé". Entonces añades otra expresión declarativa, porque ya ha habido una respuesta y el niño está listo para recibir más información: *Podría ser buena idea que mirásemos tu agenda entre los dos.* Pausa para dar tiempo a procesarlo. Matthew tiene su momento de revelación y saca su agenda.
Me pregunto qué deberes tendrás hoy. Pausa para dar tiempo a procesarlo. Has contado mentalmente hasta 30 y Matthew no se ha movido. Utiliza uno de los consejos para resolver problemas que hay en el siguiente capítulo.

Capítulo 10: La importancia de las pautas

Ejemplo 2:
Es la hora de trabajar en la guardería, pero Clara sigue jugando en un rincón. Dices, *Veo que todos los niños están en las mesas, listos para trabajar* y dar tiempo para procesarlo. Clara deja lo que está haciendo, mira a su mesa y a sus compañeros. Tiene un momento de revelación y también se sienta a la mesa.
Veo que todos los niños están en las mesas, listos para trabajar. Tiempo para procesarlo. Clara te mira y pregunta, "¿Puedo seguir jugando?". Le respondes con otra expresión declarativa que valide sus sentimientos, planifique y establezca un límite: *Veo que te gustan mucho esos juguetes. Seguro que más tarde tendrás tiempo para jugar, pero ahora necesito que te sientes a la mesa.*
Veo que todos los niños están en las mesas, listos para trabajar. Tiempo para procesarlo. Has contado mentalmente hasta 30, pero Clara no se gira y sigue jugando. Utiliza uno de los consejos para resolver problemas que hay en el siguiente capítulo.

En resumen, estas son las posibles respuestas del niño:
- Toma una referencia de su entorno y actúa.
- Toma una referencia de ti y comunica incertidumbre y/o la necesidad de más orientación o aclaraciones (verbalmente o no).
- No responde.

Recuerda, pauta la información que transmitas para que el niño tenga tiempo de escucharla, procesarla, pensar y responder. El silencio es un elemento importante y necesario de este proceso. Acostúmbrate a sentir comodidad en el rol de observador. Comenta, espera y observa, y aporta más información cuando sea necesario. Es un baile imprevisible. La guía para ello son tus propias observaciones.
Recuerda también practicar en aquellos momentos en los que puedas permitirte esperar pacientemente y, así, ir afinando estas habilidades

Manual del lenguaje declarativo

tan importantes. El proceso de aprendizaje permanecerá abierto y positivo si le das a los niños tiempo para pensar. Muchos niños no están acostumbrado a tener ese tiempo para procesar la información, sino que habitualmente son objeto de prisas, presiones y de que les digan lo que tienen que hacer. Así que, al principio, es posible que necesiten más tiempo de procesamiento para acostumbrarse a este nuevo patrón. Pero, a medida que lo vayan asimilando, al igual que tú, las cosas irán más deprisa. Las habilidades para escuchar, integrar información del contexto y actuar en base a ellas se irán haciendo más cómodas y automáticas. Haz todo lo posible para no hablar en exceso o demasiado pronto. Eso complicaría las cosas, porque el niño tendrá que volver a empezar a procesar la información. Asume este nuevo mantra: hablar, esperar pacientemente, añadir más información si es necesario. Seguro que puedes hacerlo.

Practica en aquellos momentos en los que puedas permitirte esperar pacientemente y, así, ir afinando estas habilidades tan importantes. El proceso de aprendizaje permanecerá abierto y positivo si le das a los niños tiempo para pensar.

CAPÍTULO 11:
Consejos para resolver problemas

Ahora que te has decidido a probar el lenguaje declarativo (quizá ya hayas empezado), es bastante probable que te encuentres con algunos puntos oscuros. Es posible, por ejemplo, que hayas hecho algunos comentarios aquí y allá y que el niño no haya respondido. Puede que ya estés pensando, "Esto no funciona". Pero espera y ten la seguridad de que es completamente normal que el lenguaje declarativo no funcione inmediatamente y/o no funcione siempre. Esto es debido a que se trata de un cambio y los cambios necesitan tiempo. Todos tenemos que acostumbrarnos a una nueva normalidad.

En tu caso, el cambio implica a tu estilo al hablar. Pero para el niño el cambio consiste en acostumbrarse al hecho de que ya no vas a decirle lo que tiene que hacer. Es posible que su cerebro esté esperando esas indicaciones y necesite un poco de tiempo para ajustarse a los nuevos pasos que le estás pidiendo. Además, debe acostumbrarse a la idea de que ahora tiene más responsabilidad que antes.

Hay varios motivos habituales por los que un niño podría no responder ante tus expresiones declarativas formuladas cuidadosamente. Suelo pensar en ellos y voy a compartir contigo los que, en mi opinión, son más recurrentes. Comenzaré haciendo una lista pero, después, explicaré cada uno de ellos en detalle, junto con las medidas que se pueden tomar. Como tratamos en el capítulo anterior, tendrás

Manual del lenguaje declarativo

que hacer una observación profunda de cada niño para determinar qué motivo tiene más lógica en cada momento.

- Tiempo para procesar: has intervenido demasiado deprisa.
- El niño no presta atención a tu lenguaje, por diversas razones.
- El niño escucha, pero no entiende qué se espera de él.
- Costumbre: el niño no está acostumbrado a este estilo de habla y necesita tiempo para ajustarse.

Vamos de uno en uno.

Tiempo para procesar: ¿Has hecho un comentario declarativo y solo has esperado un par de segundos antes de insistir? Recuerda que este lenguaje es diferente. El niño necesita tiempo para procesarlo, pensarlo y decidir una respuesta. Supone un esfuerzo mental y el tiempo para procesarlo en importante. Si vuelves a hablar muy rápido, añades más demandas y generas más esfuerzo. El niño puede verse superado, impactado o no saber qué hacer. Ya sé que he hablado de las pautas en el capítulo anterior, así que discúlpame. Lo menciono porque es realmente importante.

Atención: El mensaje no se ha recibido porque no tenías la atención del niño. No es que no quiera prestarte atención, es que está concentrado en otra cosa mientras le hablas. No es que el niño sea un rebelde. No es que no quiera escucharte. Confía en mí. Necesita que vuelvas a intentarlo pero, esta vez, asegúrate de que tienes su atención antes de hablar.

Estas son algunas formas de asegurarte la atención antes de hacer la expresión declarativa:
1. <u>Acércate al niño y vuelve a intentarlo</u>. Puede que estuviese demasiado lejos, y tu voz no le haya llegado de una forma que le haya ayudado a reconocer que el mensaje era importante.

Capítulo 11: Consejos para resolver problemas

2. <u>Llámale por su nombre o tócale en el hombro</u>. Una vez que lo hayas hecho, tendrás una tarea importante. Debes ESPERAR. Espera hasta que el niño haya procesado este contacto inicial. Sabrás que ha procesado correctamente esta primera comunicación cuando se dirija a ti. Hará una referencia visual (hacia ti) o una referencia verbal diciendo "¿Qué?". En cualquier caso, esa referencia te indicará que ya está listo para recibir más información. Es importante esperar esta indicación de que está listo, porque lo que vas a decir es importante.
3. <u>Una vez que tengas su atención, mantenla</u>. Muchas veces, ganar la atención y mantenerla para hacerle saber que tienes algo importante que decir supone trabajar el doble. Lo que yo hago es decir un nombre, esperar a su referencia hacia mí y, entonces, añadir un comentario que indique que viene algo importante. Puedo decir, por ejemplo, *Tengo algo importante que decirte. Avísame cuando estés listo. O, Quiero decirte algo. Voy a esperar a que estés listo. Incluso, Tengo algo genial que contarte. Dime cuando estés listo para escucharlo.* Estas expresiones te llevarán al éxito. El niño dejará lo que esté haciendo en ese momento, se dirigirá a ti y, entonces, te hará saber que está listo para centrarse en lo que vas a decir. Estará preparado y deseando escucharte. Esto aumentará las posibilidades de que procese y ofrezca una respuesta a tu comentario declarativo. Prepara tu victoria empezando por ganar su atención de una forma que tenga sentido.
4. <u>Minimiza las distracciones</u>. También puede resultar útil asegurarte de que no estás compitiendo contra otros elementos del entorno. Si el niño no hace una referencia hacia ti después de haber ejecutado los pasos anteriores, es posible que el Lego con el que está jugando le tenga distraído o sea un competidor demasiado poderoso, y vas a perder. En esta situación,

Manual del lenguaje declarativo

es mejor eliminar la distracción antes de hacer el comentario. Podrías decir, *Anda que no te gusta ese juguete. Voy a tenerlo yo un momento mientras te digo algo importante.* Entonces, extiende la mano para que sea él quien te lo entregue. Una vez apartado el juguete, es más probable que atienda a lo que vas a decir. Cuando te pida que se lo devuelvas, si todavía no has terminado de hablar, puedes decir, *Claro que te lo voy a devolver, pero primero quiero que te ocupes de lo que te he dicho.* Si únicamente quieres decirle algo, compartir un recuerdo o anticipar algo que va a suceder después, debes de- volverle el juguete inmediatamente, para demostrar que eres de fiar y que cumples con tu palabra.

5. <u>Explora y simplifica el entorno</u>. De igual forma, te interesa buscar distracciones potenciales en el entorno. Obtendrás mejores resultados si, antes de hablar, eliminas todos aquellos elementos que puedan distraer al niño.

6. <u>Repara la comunicación</u>. Si ya has reducido las distracciones y confías en que el niño te habrá escuchado, pero no hay respuesta, utiliza una expresión declarativa para reparar la comunicación. Puedes usar, por ejemplo, un tono de voz positivo para decir, *Quiero asegurarme de que me has escuchado. O, No sé si me has escuchado.* Espera a que el niño procese lo que has dicho. Si tu expresión ha sido positiva y transmite tranquilidad, es muy probable que te responda afirmándose a sí mismo: "No, no te he escuchado. ¿Puedes decirlo otra vez?".

Comprensión: El tercer motivo por el que un niño podría no responder a una expresión declarativa es que no sepa qué hacer. Quizá le has planteado una idea nueva, has utilizado un vocabulario que no conoce o todavía no se ha visto en un situación similar a la

Capítulo 11: Consejos para resolver problemas

que se ha presentado. Quizá la tarea o la expectativa son demasiado complicadas en relación a sus habilidades en ese momento.

Veamos un ejemplo en detalle.

Nick estaba en la tienda de alimentación con su madre, Sue. Puso leche en el carrito y su madre dijo, *Me pregunto si una caja de leche será suficiente para nosotros y para papá*. Nick miró a su madre pero no se produjo ninguna respuesta. Estaba bloqueado. Su referencia visual indicaba que había recibido el mensaje, pero era evidente que no había entendido lo que Sue quería decir o no sabía lo que debía hacer a continuación.

Cuando el niño no sabe qué hacer, tendrás que fragmentar la información en piezas más pequeñas que le resulten comprensibles, y orientarle con las ideas de una en una.

Todo el tiempo que dediques a fragmentar las ideas será un tiempo bien empleado. El aprendizaje que estás estimulando en ese momento será una semilla para otro día. Estás ayudando a que el niño aprenda algo nuevo y se lo guarde para el futuro. Como te has detenido a enseñar, el niño recordará mejor lo que debe hacer cuando vuelva a escuchar un comentario declarativo del mismo estilo. Estás trabajando activamente sobre la memoria episódica.

Al detenerte a enseñar, el niño recordará mejor lo que debe hacer cuando vuelva a escuchar un comentario declarativo del mismo estilo. Estás trabajando activamente sobre la memoria episódica.

La madre de Nick fragmentó su comentario inicial y orientó al niño con información adicional que pudiese entender y recordar: *Quizá deberías coger una para ti y otra para papá*. Nick respondió de inmediato realizando las acciones sugeridas y añadió más leche al

Manual del lenguaje declarativo

carrito. Puedes tener una certeza razonable de que la próxima vez que oiga a alguien decir, *Me pregunto si será suficiente*, Nick deducirá que debe añadir más. Pero lo más importante es que Sue hizo una pausa en ese momento para transmitir la idea.

Como ves, cuando el niño está confuso sobre lo que debe hacer a continuación, suele deberse, sencillamente, a que necesita más orientación, más información y una mayor fragmentación de la tarea. Tómate el tiempo necesario para hacerlo empleando expresiones de orientación y verás que vale la pena.

En ocasiones, los padres o los profesores creen que necesitan hacer más preguntas, ¿Qué deberías hacer? ¿Qué necesitas? Mantente firme y no hagas esas preguntas. Las preguntas plantean mayores demandas. Utiliza comentarios de orientación para conducir al niño por situaciones con las que esté menos familiarizado, sabiendo que le estás ayudando a guardar recuerdos importantes.

Otra forma de ayudar a la comprensión es añadiendo un gesto.

Si, por ejemplo, dices, *Veo basura en el suelo*, y el niño te escucha pero no responde, puede que necesite ayuda para localizarla. Haz una pausa y añade un gesto. Puedes, por ejemplo, apuntar con el dedo hacia la basura, lo que sin duda orientará su atención hacia lo que quieres que vea. Otra posibilidad es que sí que esté viendo la basura en el suelo, pero no vea el cubo de la basura. Puedes orientarle más utilizando tanto un gesto como un comentario: *El cubo de la basura está ahí*.

Este es otro ejemplo con el que, hace poco, me pidió ayuda una maestra de una guardería.

Una de sus alumnas se solía esconder debajo de la mesa cuando llegaba el momento de trabajar. La maestra hizo la expresión declarativa, *Todos los niños están sentados en sus sillas*, para animar a la alumna

Capítulo 11: Consejos para resolver problemas

a que hiciese una referencia de la habitación y supiese qué se esperaba de ella. Pero la alumna ni se inmutó.

En ese momento, es muy probable que la alumna se sienta insegura o preocupada con las expectativas. Es posible que pueda sentarse en la silla, pero no tenga muy claro lo que debe hacer una vez que esté allí. En esta situación es muy útil añadir información sobre lo que ocurrirá después, junto con la seguridad de que el niño recibirá ayuda si la necesita. Es un momento en el que debes olvidarte del "hacer" (¿Cómo hago para que salga de ahí debajo?) y centrarte en un "dar" (¿Qué información puedo darle en este momento que la ayude?) que aligerará su grado de preocupación.

La maestra podía haber comenzado diciendo, *Puedes sentarte en tu silla. Yo te ayudaré si lo necesitas.* Si la alumna no se mueve, podría añadir, *Vamos a colorear, hay pinturas en la mesa.* Si la alumna todavía parece confusa, la maestra podría validar sus sentimientos diciendo, *Creo que estás nerviosa por lo que estamos haciendo, pero yo te ayudo. No quiero que estés preocupada.*

Este lenguaje amable ayudará a que el niño se sienta apoyado y seguro, relaje su preocupación y esté más predispuesto a unirse al resto. A veces, el primer objetivo debe ser ayudar a que el niño se incorpore a la actividad. Es un buen punto de partida, porque una vez que se haya unido, puedes seguir orientándole mediante el lenguaje declarativo.

Estos ejemplos de expresiones de orientación son muy diferentes de las órdenes o preguntas habituales que hayas podido utilizar en este tipo de situaciones y que podrían haber creado luchas de poder, como: ¿Qué debes hacer? Sentarte en la silla, o *Sal de debajo de la mesa.* Mediante estas expresiones declarativas estás generando un entorno de apoyo, orientación, positividad, respeto y cariño, que es muy diferente. Esto es lo que facilitará que el niño preocupado se incorpore a la actividad.

Manual del lenguaje declarativo

Costumbre: Este último motivo parece el más adecuado para hablar sobre el lenguaje declarativo y la edad. Quiero que sepas que *nunca* es demasiado tarde para empezar a usar el lenguaje declarativo.

Nunca es demasiado tarde para empezar a usar el lenguaje declarativo.

Si un niño, o un adulto para el caso, se ha visto expuesto principalmente a un estilo de comunicación basado en las preguntas y en las órdenes, puede necesitar tiempo para acostumbrarse a una forma distinta de interactuar con las personas. En otras palabras, aquellas personas a las que se les ha dicho habitualmente lo que deben hacer o la mayor parte de sus relaciones sociales se ha producido mediante preguntas, es muy probable que sus habilidades de comunicación sean muy dependientes de las instrucciones de otros, para saber cómo y cuándo iniciar, responder y participar en un intercambio social.

Un elemento importante de cualquier interacción social es la espontaneidad y la independencia. Esto es lo que hace que los intercambios sociales tengan sentido y sean reales. Pero son habilidades muy importantes que los comunicadores deben desarrollar. Y si una persona se ha visto limitada por las órdenes y las preguntas durante mucho tiempo, puede que necesite un periodo de adaptación para revertir esa dependencia. Tanto los niños como quienes se comunican con ellos necesitan perseverancia y paciencia para establecer una nueva costumbre en sus patrones de comunicación.

Veamos un ejemplo:

Llevo 7 años trabajando con Christopher, el joven al que ya he mencionado. Le conocí cuando tenía 21 años. Su madre, Judy, se puso en contacto conmigo porque quería mejorar su relación con él y sentir una conexión más profunda. En esa época, ella le hablaba

Capítulo 11: Consejos para resolver problemas

básicamente con imperativos (preguntas y órdenes), y no sabía si Christopher respondería bien a este nuevo tipo de lenguaje. Cuando empezamos, hubo momentos en los que no tuvimos más remedio que arriesgar y tener fe. Tuvimos que esperar, y resolver muchos problemas, ya que este estilo de habla era completamente diferente del que Christopher conocía. Pero Judy se implicó y comenzó a hablarle de forma declarativa tanto como pudo.

Ha sido maravilloso comprobar como, a medida que ha pasado el tiempo, la comunicación de Christopher ha cambiado radicalmente. Me alegra decir que ahora comparte con los demás mucha más información que antes. Esto incluye hablar de lo que piensa en el presente, así como recuerdos del pasado. Judy cree que esos recuerdos siempre han estado ahí, pero Christopher no tenía las habilidades del lenguaje necesarias para compartirlos. Tiene un estilo de comunicación muy particular para hablar de esos recuerdos, pero lo importante es que son recuerdos auténticos.

Traigo algunos ejemplos de recuerdos de Christopher de los que he sido testigo en primera persona. Son relevantes no solo por su viveza, sino porque reflejan el desarrollo de su curiosidad por el mundo.

Judy y Christopher suelen tomar el tren para encontrarse conmigo. Durante una visita, Christopher comenzó a hablar sobre un cartel que le había gustado en la estación de tren de Salem. Preguntó, a su manera, por qué el cartel que había visto ese día era distinto del que estaba instalado cuando visitó la estación de Salem de niño.

Otro día, estábamos en un museo y nos detuvimos a contemplar un cuadro titulado "Atenas". Christopher hizo una conexión espontánea y habló de unas vacaciones que su familia pasó en Grecia cuando él era un niño. Recordaba el nombre de la compañía de cruceros en que viajaron y de una isla que visitaron, mucho después de que a su madre ya se le hubiese olvidado.

Manual del lenguaje declarativo

Es maravilloso formar parte de este crecimiento. Ahora Christopher comparte mucha más joyas de este tipo, pero creo que es importante recordar lo callado que estuvo durante tanto tiempo.

Este es un correo electrónico que Judy me envió hace poco y que refleja lo que estos cambios han supuesto para ella:

¿Te he contado la maravillosa experiencia de intercambio de recuerdos *que tuve con Christopher en mayo, sobre un libro que solíamos leerle y cómo el jardín y los árboles de su casa en Canton se lo recordaban? Si no lo he hecho, lo haré. Parecía como un antes y un después, igual que la "conversación" sobre Thomas que tuvimos los tres la última vez que te vimos. Aunque estos pasitos parecen pequeños si los comparo con el inmenso desarrollo que necesita todavía para ser, digamos, independiente, son un MUNDO para mí. Muchas gracias por ayudarnos.*

Tengo un último ejemplo, igualmente asombroso. Cuando Eliza tenía tres años, fue de vacaciones con su familia a una cabaña. Una noche, Eliza tuvo una rabieta enorme. Sus padres nunca supieron el motivo y fue bastante preocupante para todos. Años después, Eliza adquirió el lenguaje para explicarlo. Contó que había visto un bicho muy grande en la pared y se asustó. Qué alivio conocer, por fin, el motivo. Esa información, que Eliza aportó por iniciativa propia, ayudó a todos a volver a elaborar los recuerdos de aquella noche de una forma positiva y comprensiva.

Tus niños también tienen esos recuerdos. Si este cambio de estilo del habla supone un cambio importante para tu niño, que es más mayor, porque ya se ha acostumbrado a compartir información en respuesta a imperativos, calma. Utiliza el lenguaje declarativo con constancia y ten fe en que los cambios llegarán, aunque tarden un poco. Recuerda, nunca es demasiado tarde para que tu niño y tú rompáis viejos hábitos y cambiéis el estilo de comunicación.

Capítulo 11: Consejos para resolver problemas

En resumen: Si debes quedarte con algo de este capítulo, quiero que sea con esto: dale al niño siempre el beneficio de la duda cuando no responda a una expresión declarativa. Siempre existe una buena razón y, normalmente, será una de las cuatro anteriores: tiempo para procesar, atención, comprensión o costumbre. Espera tranquilamente y observa, dándote tiempo para determinar el motivo. Después, ponte con la resolución de problemas.

Dale al niño siempre el beneficio de la duda cuando no responda a una expresión declarativa.

PARTE 5:
PRÁCTICA

CAPÍTULO 12:
La práctica hace que te sientas cómodo

El lenguaje declarativo necesita práctica. Incluyo algunos conjuntos de prácticas que puedes utilizar para perfeccionar tus habilidades y acostumbrarte a esta forma de hablar.

Descargue copias de estos conjuntos de práctica en
www.declarativelanguage.com

Práctica 1: ¿Declarativo o imperativo?

Empezaremos siendo conscientes de cuándo utilizamos un declarativo o un imperativo. Una vez que identifiques tus preguntas y comentarios imperativos, podrás trabajar en convertirlos en expresiones declarativas.

De las 10 parejas siguientes, decide cuál es el imperativo y su equivalente declarativo.

1a. Siéntate.
1b. Esta es tu silla.

Manual del lenguaje declarativo

2a. ¿Qué tienes que hacer?
2b. Vamos a ver en qué están trabajando tus compañeros de clase.

3a. Tu abrigo está en el suelo.
3b. Recoge tu abrigo.

4a. Me pregunto si has oído lo que he dicho.
4b. ¿Qué he dicho?

5a. Dile a papá lo que has hecho hoy.
5b. Vamos a contarle a papá lo que has hecho hoy.

6a. Podemos pasar de página cuando estés listo.
6b. Pasa la página.

7a. ¿Qué viene ahora?
7b. Me pregunto si sabes qué viene ahora.

8a. A tu amigo también le gusta ese juguete.
8b. Deja jugar a tu amigo.

9a. ¿De qué es esta foto?
9b. Qué interesante es esto. Me pregunto si sabes cómo se llama.

10a. Vete a por el balón.
10b. El balón se ha ido por allí.

Capítulo 12: La práctica hace que te sientas cómodo

Práctica 2: Convertir imperativos en declarativos

Convierte estas preguntas y expresiones imperativas en declarativas. Puedes utilizar las palabras de la tabla, si es necesario.

Tabla de palabras útiles

Verbos	Palabras que comunican alternativas y posibilidades	Pronombres y tercera persona del plural	Sustantivos
pensar	a veces	yo	idea
notar	quizá	nosotros	pensamiento
escuchar	seguro	juntos	opinión
preguntar	no es seguro	vamos	preferencia
decidir	tal vez		
asegurar	podría		
sentir	a lo mejor		
saber	posiblemente		
no saber			
ver			
desear			
acordar			
no acordar			
gustar			
no gustar			
esperar			
parecer			

Manual del lenguaje declarativo

1. ¿Qué deberíamos hacer ahora?
2. Dame tu papel.
3. Elige uno de esos libros.
4. ¿Qué necesitas?
5. Abróchate el cinturón.
6. Siéntate.
7. Deja de correr.
8. Muévete.
9. ¿Qué se dice?
10. Ponte a la cola.

Práctica 3: resolución de problemas

Imagina que has hecho las siguientes expresiones declarativas, pero el niño no responde. ¿Qué podrías hacer o decir después para apoyar al niño en ese momento?

1. Todos los niños se han sentado a la mesa.
2. Vamos a empezar con tus deberes.
3. Veo que tienes la mochila en el suelo.
4. Me encantaría probar esas palomitas.
5. Me encantaría jugar contigo a ese juego.
6. Tu amigo está esperando a que juegues tu turno.
7. Creo que te toca poner la mesa.
8. El plato del gato está vacío.
9. Parece que esa planta necesita agua.
10. El cubo de basura está lleno.

Ten paciencia y date tiempo, el lenguaje declarativo necesita práctica, pero merece la pena.

PARTE 6:
SEGUIMIENTO DEL PROGRESO E INVESTIGACIÓN

CAPÍTULO 13:
Cómo identificar el progreso

Llegamos a la cuestión importante de cómo saber si el lenguaje declarativo está funcionando o no. El mayor cambio se producirá en el tono general de la comunicación. Pasará de haber sido negativo, o formado por órdenes, a otro positivo, que muestra apoyo y comprensión. Puede que, por ejemplo, te notes más paciente con el niño, porque entiendes mejor la respuesta lucha/huida/bloqueo. Habrás notado las reacciones del niño a las demandas y al lenguaje imperativo, en contraste con las expresiones declarativas, que orientan mejor.

Quizá también hayas notado que te has vuelto más flexible. Has empezado a darte cuenta que, según te vas abriendo a más posibilidades y vas observando las nuevas respuestas y aportaciones del niño, este también se va volviendo más abierto y flexible.

Los cambios empiezan en el adulto y, después, se van reflejando en el niño. Tú eres quien da un ejemplo sincero de lo que quieres que aprenda el niño: cómo ser un elemento de la comunicación paciente

Manual del lenguaje declarativo

y comprensivo, que escucha a la otra persona y responde de forma reflexiva. Ahora tienes más empatía, porque entiendes mejor al niño.

Los cambios empiezan en el adulto y, después, se van reflejando en el niño. Tú eres quien da un ejemplo sincero de lo que quieres que aprenda el niño: cómo ser un elemento de la comunicación paciente y comprensivo, que escucha a la otra persona y responde de forma reflexiva.

Aparte de los cambios generales (te sientes mejor, la comunicación es más positiva y comprensiva, tienes más y mejores comunicaciones), estos son pequeños detalles en los que deberías fijarte.

Comenzarás a notar que el niño hace más referencias visuales. Por ejemplo, cuando haces una expresión declarativa y esperas, ¿ves cómo levanta la cabeza y explora el entorno, los objetos que puedas estar utilizando o, incluso, mira más al resto de las personas?

También observarás que el niño toma referencias visuales de forma más habitual, porque le estás orientando hacia lo que es importante. Como decíamos en un capítulo anterior, esto no es lo mismo que el contacto visual. Ya no mira con desgana o porque le hayas dicho que lo haga. Mira para obtener la información que necesita. ¡Atentos a esto!

Además, notarás una actitud de resolución de problemas más activa. Esto se pone interesante. Allí donde, en el pasado, le has dicho al niño lo que tenía que hacer, verás que es él quien empieza a tomar la iniciativa.

Podemos encontrar un pequeño ejemplo cuando salpica algún líquido. Antes le habrías dicho al niño que lo limpiase o, incluso, que utilizase papel de cocina. Ahora te limitarás a decir, *¡Ha salpicado!*, y esperarás tranquilamente. El resultado será que el niño tomará la

Capítulo 13: Cómo identificar el progreso

iniciativa de utilizar papel de cocina para limpiarlo. En el pasado no le dabas al niño espacio para hacer esto y, ahora que lo has hecho, sienta de maravilla.

Verás que resuelve problemas una vez que le indiques que se han presentado o que le digas cuáles son. Resuelve más problemas porque le estás dando, de forma consciente, más oportunidades de hacerlo. Al cambiar tu forma de comunicar, él cambiará su forma de sentir y adquirirá más confianza y competencias.

El niño resuelve más problemas porque le estás dando, de forma consciente, más oportunidades de hacerlo.

También podrías empezar a ver cómo el niño es más activo a la hora de reparar interrupciones en la comunicación. Antes, quizá, eras tú quien se encargaba de eso siempre que había un malentendido. Corregías la interrupción y le decías al niño qué hacer o qué decir. Ahora puedes limitarte a dejar que sea él quien perciba la interrupción y piense por sí mismo como solucionarla. Le estás dejando que practique de forma más activa la resolución de problemas relativos a la comunicación y, como resultado, se está volviendo más independiente en cuanto a sus habilidades de comunicación. La comunicación no es perfecta, seguirá siendo tan embarullada como siempre. Pero la diferencia está en que no serás tú quien asuma siempre la responsabilidad de repararla. No te resultará incómodo permitir que sea el niño quien se encargue de esta labor tan importante.

El niño también mejorará a la hora de gestionar contrariedades o decepciones, porque tú has mejorado en la forma de ayudarle a acceder a su memoria episódica para que pueda observar mejor la imagen completa de las cosas. Es consciente de que, a veces, suceden cosas y que eso no es el fin del mundo. Le ayudas mejor a recordar lo que es importante que recuerde cuando es necesario, sin agobiarle

Manual del lenguaje declarativo

con demasiada información. También eres paciente y amable en esos momentos, al comprender que las decepciones son muy reales para él. Las siente con más intensidad porque no dispone fácilmente de recuerdos importantes. Tú te sientes más paciente en esos momentos y, en consecuencia, eres capaz de orientarle mejor en los momentos difíciles.

> **La comunicación no es perfecta, seguirá siendo tan embarullada como siempre. Pero la diferencia está en que no serás tú quien asuma siempre la responsabilidad de repararla. No te resultará incómodo permitir que sea el niño quien se encargue de esta labor tan importante.**

Es posible que también empieces a notar que el niño se comunica más para compartir experiencias. Por ejemplo, al igual que Eliza y Christopher, el niño empezará a expresar y compartir recuerdos de forma más espontánea. Escuchas más, pero también eres más paciente a la hora de proporcionar información. Compartes recuerdos y datos con una visión de futuro. Sabes que esto no trata de las preguntas que responda hoy, sino de los recuerdos e información que pueda compartir con otros más adelante.

> **Compartes recuerdos y datos con una visión de futuro. Sabes que esto no trata de las preguntas que responda hoy, sino de los recuerdos e información que pueda compartir con otros más adelante.**

Actúas de una forma deliberada cuando compartes información y emociones, con la intención de ayudarle a que fortalezca su capacidad de compartir experiencias con otros en el futuro. Le apoyas en base a lo que vendrá, en vez de insistir en obtener una respuesta concreta

Capítulo 13: Cómo identificar el progreso

en el presente. Te olvidas de la necesidad de obtener una respuesta inmediata. Como resultado, el niño se irá incorporando un poco más a las conversaciones, de forma verbal o no verbal, y, con el tiempo, irán llegando los recuerdos.

El vocabulario del niño ha mejorado. Notas cómo identifica y habla más sobre emociones, porque le has ayudado a que entienda cómo se siente y cuáles son las reacciones a cada emoción. Y, además, empieza a utilizar expresiones cognitivas. Habla de sus pensamientos, deseos, ideas y opiniones con más libertad, y no se enfada o bloquea cuando sus ideas son diferentes a las de los demás.

El niño será capaz de sentirse más cómodo con las opiniones diferentes a las suyas. Son capaces de gestionar nueva información de un modo distinto. No percibe como una amenaza el hecho de que alguien no esté de acuerdo o piense de otra manera. Esto se debe a que tú sabes cómo enmarcar la interacción de forma que no se trata de tener razón o no, sino de compartir ideas diversas. Las opiniones diferentes son interesantes y no una imposición. Sirves de ejemplo para el niño y le muestras cómo compartir el espacio con aquellos que no piensan igual. Ahora son más capaces de compartir el espacio con alguien que tiene una visión distinta del mundo o de una situación concreta.

Los pequeños detalles impulsan grandes cambios. Te das cuenta de más cosas, te beneficias de más situaciones y entiendes mejor las necesidades del niño, porque el lenguaje declarativo te ha ayudado a tener paciencia y a sintonizar con las respuestas que ofrece el niño. Sientes más confianza al saber que el niño es capaz de hacer grandes cosas.

Los pequeños detalles impulsan grandes cambios.

Manual del lenguaje declarativo

En la siguiente página hay una hoja de seguimiento de ejemplo, con 10 situaciones que puedes utilizar de semana en semana, y de mes en mes, para llevar un registro del progreso relativo a tus observaciones. Es importante que rellenes la primera antes de empezar, para que puedas tener una imagen precisa del punto de partida en estas áreas.

Capítulo 13: Cómo identificar el progreso

Progress Tracking Sheet

Fecha:	Falso	A medias	Verdadero
Esta semana he sido paciente con el niño.			
Esta semana he notado que el niño ha hecho referencias visuales a otras personas o al entorno.			
Esta semana he notado que el niño ha resuelto problemas.			
Esta semana he notado que el niño ha utilizado un recuerdo importante, con orientación.			
Esta semana he notado que el niño ha compartido recuerdos.			
Esta semana he mejorado en la percepción de reacciones en el niño.			
Esta semana he sentido que entiendo mejor al niño.			
Esta semana el niño ha detectado y solucionado interrupciones de la comunicación.			
Esta semana el niño ha estado abierto a probar cosas nuevas.			
Esta semana me he sentido con confianza para orientar al niño hacia algo nuevo o a pensar de forma distinta.			

Descargue una copia de esta hoja de seguimiento del progreso en www.declarativelanguage.com

CAPÍTULO 14:
El proyecto piloto del lenguaje declarativo

Lamentablemente (o afortunadamente, si lo vemos como una oportunidad), no existe mucha información disponible sobre el uso del lenguaje declarativo como una buena herramienta para los niños con dificultades para el aprendizaje social. Sin embargo, para los que lo utilizamos a diario, no hay duda de su eficacia y su valor. Hay una enorme puerta abierta para que terapeutas e investigadores exploren y validen este estilo de habla.

Existen varios estudios sobre la efectividad de la Relationship Development Intervention (intervención para el desarrollo de relaciones) como técnica terapéutica para niños con trastorno del espectro autista. En la página web RDI Connect podrás encontrar una serie de estudios dirigidos por los doctores Jessica Hobson, Steven E. Gutstein, Nicole Beurkens y otros. Como mencioné en el capítulo 1, mi primer contacto con el lenguaje declarativo se produjo mientras me formaba como consultora de RDI. El lenguaje declarativo es una herramienta esencial para la RDI, y se enseña a los padres que se comprometen con esta técnica de tratamiento. Los padres que utilizan RDI en todo el mundo pueden atestiguar sobre su utilidad y cómo este estilo de habla ha ayudado a que sus relaciones con el niño hayan mejorado.

Manual del lenguaje declarativo

Los padres que utilizan RDI en todo el mundo pueden atestiguar sobre su utilidad y cómo este estilo de habla ha ayudado a que sus relaciones con el niño hayan mejorado.

En un esfuerzo por aportar información personal, en 2017 creé mi propio "Proyecto piloto del lenguaje declarativo". Comencé el proyecto poco después de dirigir una presentación sobre el lenguaje declarativo que formó parte de la Burr Family Conference, en la Cotting School de Lexington (Massachusetts). Esta presentación contenía información básica sobre el lenguaje declarativo, como su descripción, junto con algunos vídeos que ilustraban su uso. Estos vídeos incluían a mis propios hijos, junto a otros de mis pacientes de los que he ya he hablado en este libro.

Con la esperanza de poder hacer más, comprendí que esa presentación era una oportunidad perfecta para involucrar en un proyecto piloto a padres que estuviesen interesados. Yo no soy una investigadora en el sentido formal de la palabra, pero me encanta analizar descubrimientos, identificar patrones y utilizar las matemáticas en mi trabajo. Estaba decidida a hacer la mejor aportación que pudiese con los recursos de que disponía. Así, al final de las jornadas, invité a aquellos padres que se mostraron interesados a que me contactasen para formar parte de un proyecto piloto, que trataría de determinar el impacto del lenguaje declarativo.

Tres madres se pusieron en contacto conmigo de inmediato y, dos meses después, comenzamos con nuestro proyecto. Como dato curioso, las tres eran madres de un hijo adolescente que había recibido educación especial durante la mayor parte de su vida. Estas mujeres llevaban formando parte de las terapias de sus hijos desde hacía muchos años, aunque el concepto del lenguaje declarativo les resultaba novedoso y estaban deseando conocerlo.

Capítulo 14: El proyecto piloto del lenguaje declarativo

Estos son extractos de algunos de los correos electrónicos que recibí a raíz de aquella primera presentación:

Disfruté sobre todo de los dos vídeos de Christopher, donde pasaba de hacer cojines a hablar de cómo había cambiado el anuncio. Ver ese progreso en un niño tan mayor me resultó emocionante.

Me encantó lo que dijiste y me puse en marcha con el lenguaje declarativo nada más llegar a casa. Lo que ocurrió fue tan maravilloso que tenía que contarlo… Durante muchos años me ha preocupado y me he quejado de que, durante toda su vida, la gente se ha dedicado a decirle a mi hijo lo que tenía que hacer, de forma que él jamás ha tenido que dar una respuesta o esperar una instrucción. No sabe cómo hacerse valer o mantener una conversación. No es que se haya producido un milagro cada vez que lo he utilizado [el lenguaje declarativo], pero cuando ha funcionado me he quedado alucinada. De hecho, hemos tenido una conversación que ha ido más allá de qué películas le gustan. Muchas gracias.

Me he concentrado en hablar utilizando el lenguaje declarativo. Me ha parecido muy poderoso.

Y así es como empezamos. Empecé recibiendo en mi oficina a las madres y a sus hijos, para poder grabar vídeos en los que se observase su estilo de interacción natural, que sería nuestro punto de partida. También respondieron a un cuestionario inicial, en el que compartían sus impresiones sobre la comunicación que tenían con sus hijos en ese momento, así como sus conocimientos e impresiones sobre su competencia en el uso del lenguaje declarativo. En los apéndices del libro se incluye una copia de este cuestionario.

Después, durante cinco meses, nos reunimos por videollamada cada dos o tres semanas, con un total de siete reuniones. Cada sesión constaba de una revisión de lo aprendido hasta ese momento, la

Manual del lenguaje declarativo

presentación de un nuevo tema o un nuevo uso del lenguaje declarativo, vídeos de las madres y los niños juntos para ilustrar cada idea, asignación de tareas para hacer en casa y la planificación de la siguiente reunión. También comentábamos los mejores momentos de los vídeos de cada madre y cualquier motivo de celebración que hubiese.

Este programa piloto propició un entorno de aprendizaje de un valor increíble, tanto para las madres como para mí. Mejoraron sus habilidades y confianza con el uso del lenguaje declarativo, y yo aprendí cómo enseñarlo de un modo más sistemático.

Al final del proceso, las madres respondieron a un cuestionario final, en el que compartían sus impresiones generales, además de detalles sobre su crecimiento personal, y volvieron a mi oficina para grabar un último vídeo que recogiese y documentase los cambios en el estilo de comunicación. También completaban un breve cuestionario de semana en semana, después de cada asignación de tareas (hay ejemplos en los apéndices).

Los conceptos que se introdujeron a lo largo de las siete sesiones fueron:
- Declarativo frente a imperativo
- El uso del lenguaje declarativo como método de orientación: ¿es suficiente?
- Esperar tranquilamente a que los niños hagan descubrimientos
- Comunicación: compartir experiencias, estar conectados, establecer un foco de atención conjunto
- Comunicación: interrupciones y reparaciones
- Comunicación: tomar perspectiva
- Cierre y revisión

Capítulo 14: El proyecto piloto del lenguaje declarativo

Además, se pusieron de relevancia algunas estrategias como las pautas (esperar pacientemente), los consejos de resolución de problemas ("andamiaje") y el trabajar despacio.

Estas son algunas de las citas más importantes del cuestionario final:

¿Qué considera que, como padre, ha obtenido de su participación en este proyecto? Sea tan específico como pueda..

Madre 1: Como madre, he obtenido una forma de comunicarme con mi hijo que resulta menos agresiva y demandante, lo que nos permite trabajar más en equipo. Me ha dado la capacidad de dejar que la conversación fluya sin necesidad de estar siempre dirigiéndola.

Madre 2: Este curso me ha enseñado a vivir más el momento, a tomarme tiempo para hacer una pausa y escuchar de verdad a mi hijo. Creo que nuestras conversaciones y actividades espontáneas tienen más sentido y están más conectadas cuando incorporo las estrategias y técnicas que he aprendido durante el curso. Hablar utilizando el lenguaje declarativo de forma intencionada me ha convertido en una personas más amable y compasiva. Sin duda me ha descubierto muchas cosas de cómo [mi hijo] piensa y siente.

Madre 3: Técnicas para abrir la puerta a una comunicación más prolongada y con más sentido, y paciencia para esperar a que se presenten las oportunidades para compartir experiencias, dar y obtener perspectivas y poder orientar de una forma útil.

Este curso me ha enseñado a vivir más el momento, a tomarme tiempo para hacer una pausa y escuchar de verdad a mi hijo.

Manual del lenguaje declarativo

¿Qué considera que ha obtenido su hijo?
Madre 1: Mi hijo ha obtenido sentido de la autonomía y de que su opinión se tiene en cuenta.

Madre 2: A medida que sigo centrándome en el uso del lenguaje declarativo y a hacer pausas en silencio a diario, he notado que mi hijo comparte sus opiniones, pensamientos y sentimientos. He notado que toma la iniciativa, y que tiene más confianza para arriesgarse con tareas nuevas, con compartir ideas y con participar en conversaciones, incluso aunque no le interese mucho el tema. Al utilizar el lenguaje declarativo, noto que la ansiedad y el lenguaje insistente del niño se reducen, y que participa con más libertad sin sentirse juzgado.

Madre 3: Desde luego se ha beneficiado de tener tiempo a solas, en medio de las ocupaciones de la vida, para planificar y grabar vídeos en los que practicamos las técnicas de forma rutinaria. En lo informal, se ha beneficiado de tener una madre que estructura y procesa conscientemente la calidad (y no solo la cantidad) de nuestras comunicaciones. Entre los dos podremos avanzar hacia una perspectiva renovada del tiempo que pasamos juntos, así como hacia el diseño de buenas estrategias para implicar al resto de miembros de la familia.

Mi hijo ha obtenido sentido de la autonomía y de que su opinión se tiene en cuenta.

¿Cómo han cambiado las interacciones con su hijo desde que comenzó este proyecto?
Madre 1: Tenemos conversaciones más largas.

Madre 2: Cuando las conversaciones se complican, me paro y pienso: ¿estoy utilizando lenguaje declarativo o imperativo? Hago un esfuerzo

Capítulo 14: El proyecto piloto del lenguaje declarativo

consciente por tener cuidado y practicar el lenguaje declarativo, y el resultado siempre supone una interacción con mi hijo mejor y con más sentido.

Madre 3: He recuperado la fe y la intuición en que incluso los pequeños detalles pueden suponer una gran diferencia, si se suman de tal manera que apoyen y estimulen el crecimiento y desarrollo de la comunicación entre las dos partes, ya sea verbal o no verbal.

He recuperado la fe y la intuición en que incluso los pequeños detalles pueden suponer una gran diferencia...

Para poder cuantificar los cambios, revisé los vídeos iniciales y finales, y extraje la información relevante relativa a las interacciones de cada madre e hijo. Durante esas grabaciones, a cada madre se le entregaba una actividad tomada directamente de la evaluación de la RDI, llamada RDA o Relationship Development Assessment (evaluación del desarrollo de relaciones). En este actividad, tanto el padre como el niño reciben varios modelos de casas de cartulina junto con materiales (cartulina, cinta adhesiva, tijeras) para que elijan una y, después, se les pide que la construyan juntos. En esta actividad, lo más normal es que el niño necesite ayuda.

Evalué el lenguaje en áreas concretas de la interacción de cada madre con su hijo. Las mediciones comenzaron cinco minutos después de que se les presentase la actividad, y duraban dos minutos. Elegí estos dos minutos en el medio de la actividad para darles tiempo a familiarizarse y aclimatarse con las expectativas de la tarea. En dos minutos puede haber mucha comunicación, por lo que se determinó que este periodo sería una imagen fija del punto de partida a partir del cuál medir los patrones de comunicación.

Manual del lenguaje declarativo

Se midieron los siguientes elementos en cada fragmento de dos minutos, para cada pareja madre/hijo:
- Frecuencia de las preguntas y órdenes de la madre
- Frecuencia de los comentarios de la madre
- Frecuencia de las expresiones totales del niño (palabras sueltas, combinaciones de palabras y frases completas)
- Frecuencia de las expresiones del niño que fuesen:
    1. <u>Relativas</u> a lo que hubiese dicho la madre
    y
    2. Más de una palabra*
- Frecuencia de las expresiones del niño que fuesen:
    1. <u>No relativas</u> a lo que hubiese dicho la madre
    y
    2. Más de una palabra

*Se eligieron expresiones de más de una palabra para poder determinar si lo dicho se podía categorizar como relativo o no relativo a lo dicho por la madre. Ejemplos:

Se consideró que la siguiente expresión era relativa a lo dicho:
Madre: "Vale, ya tienes la cinta. Creo que hay que pegarla... aquí".
Hijo: "Es difícil".

Mientras que esta se consideró como no relativa:
Madre: "Me pregunto qué es lo primero que tenemos que hacer".
Hijo: "¿Cuándo voy a ver a Natalie?".

Para incluir otra evaluación y juicio del proceso, mi colega y también consultora RDI, Elisabeth Ramirez, revisó y categorizó las expresiones de forma independiente. Si identificaron aquellos elementos en los que ambas estuvimos de acuerdo.

Capítulo 14: El proyecto piloto del lenguaje declarativo

Se recogieron las siguientes frecuencias:

Madre/hijo 1	Órdenes o preguntas de la madres	Comentarios de la madre	Expresiones del hijo	Expresiones relativas del hijo con >1 palabra	Expresiones no relativas del hijo con >1 palabra
Enero	15	9	7	4	0
Junio	7	23	8	7	0
% variación	-53.33	+155.55	+14.28	+75	Sin cambios
¿Aumento o disminución?	Disminución	Aumento	Aumento	Aumento	Sin cambios
¿Efecto deseado?	Sí	Sí	–	Sí	n/d

Madre/hijo 2	Órdenes o preguntas de la madres	Comentarios de la madre	Expresiones del hijo	Expresiones relativas del hijo con >1 palabra	Expresiones no relativas del hijo con >1 palabra
Enero	17	15	23	6	4
Junio	6	22	20	10	0
% variación	-64.71	+46.66	-13.04	+66.66	-100
¿Aumento o disminución?	Disminución	Aumento	Disminución	Aumento	Disminución
¿Efecto deseado?	Sí	Sí	–	Sí	Sí

Madre/hijo 3	Órdenes o preguntas de la madres	Comentarios de la madre	Expresiones del hijo	Expresiones relativas del hijo con >1 palabra	Expresiones no relativas del hijo con >1 palabra
Enero	6	20	2	0	0
Junio	6	20	4	1	0
% variación	Sin cambios	Sin cambios	+100	Imposible medir	Sin cambios
¿Aumento o disminución?	Sin cambios	Sin cambios	Aumento	Aumento	Sin cambios
¿Efecto deseado?	n/d	n/d	–	Sí	n/d

Manual del lenguaje declarativo

En resumen, entre enero y junio dos de las madres redujeron el número de preguntas y órdenes y aumentaron las expresiones declarativas, mientras que todos los hijos aumentaron sus expresiones relativas a lo que les habían dicho. Estos hallazgos son positivos e identifican un posible método de medición de la eficacia del lenguaje declarativo.

Estos hallazgos son positivos e identifican un posible método de medición de la eficacia del lenguaje declarativo.

También es importante poner de relevancia que hay muchas más áreas que se pueden explorar en relación con el lenguaje declarativo y que, aunque no estaban incluidas en el ámbito de este proyecto, también ofrecieron resultados interesantes. Incluyen mediciones más sutiles sobre elementos de la comunicación social, como cambios en las pautas de comunicación de los padres, frecuencia de las referencias visuales y la expresión de emociones positivas evidenciadas mediante comunicación no verbal (risas, sonrisas, etc.). Estas mediciones serán especialmente importantes en el caso de aquellos niños con menos capacidades verbales o que utilizan métodos de comunicación alternativos.

También será importante explorar mediciones más sutiles sobre elementos de la comunicación social, como cambios en las pautas de comunicación de los padres, frecuencia de las referencias visuales y la expresión de emociones positivas evidenciadas mediante comunicación no verbal (risas, sonrisas, etc.).

Queda mucho por hacer para poder establecer que los cambios positivos observados son válidos y fiables, y que tales cambios están

Capítulo 14: El proyecto piloto del lenguaje declarativo

relacionados con el lenguaje declarativo. Soy consciente de que mi trabajo es muy preliminar y lo presento aquí con humildad y con la intención de que sirva de punto de partida hacia la demostración de la eficacia del lenguaje declarativo. Contemplo con emoción lo que está por venir y que el lenguaje declarativo reciba más atención y aplicación.

PARTE 7:
UNAS PALABRAS FINALES

CAPÍTULO 15:
¿A dónde vamos desde aquí?

Y ya estamos al final. ¿O debería decir al principio? Queda mucho por hacer para que el mundo conozca que existe una forma mejor de comunicarse y hablar con aquellas personas que tienen dificultades para el aprendizaje social. A medida que vayas cambiando tu estilo de habla, recuerda prepararte para los éxitos que vendrán. Empieza poco a poco, en contextos asumibles, y aumenta tu uso del lenguaje declarativo según te vayas sintiendo más cómodo, y podrás ver los cambios que se producen.

A medida que vayas cambiando tu estilo de habla, recuerda prepararte para los éxitos que vendrán.

Cuando comparto información, o dirijo algún curso sobre lenguaje declarativo, la gente me suele decir, "Suena genial, pero jamás funcionará con mi hijo/alumno, etc.". A esa persona le diría que si cree que no funcionará, probablemente tenga razón, porque para que el lenguaje declarativo funcione, debemos abordarlo desde una actitud positiva. Si eres negativo, o escéptico, el niño recibirá ese mensaje.

Manual del lenguaje declarativo

El lenguaje declarativo es abierto y alentador, y asume que el alumno se esforzará cuanto pueda. Parte de la base de que si un niño emplea un estilo de comunicación negativo, será debido a que eso es lo que ha aprendido. Obtienes lo que entregas.

El lenguaje declarativo es abierto y alentador, y asume que el alumno se esforzará cuanto pueda.

A la gente escéptica le diría: esto no es llegar y besar el santo. No podemos pedirle al alumno que haga lo que queremos al primer intento y, a partir de ahí, decidir si el lenguaje declarativo funciona o no. De ninguna manera. Estamos modificando todo el sistema de comunicación al que está acostumbrado el niño. Le estamos enseñando que, con el tiempo, se pueden encontrar alternativas. Estamos convirtiendo un patrón de comunicación típicamente negativo, o basado en demandas, en otro positivo. Pero estas cosas llevan tiempo.

Estamos modificando todo el sistema de comunicación al que está acostumbrado el niño. Le estamos enseñando que, con el tiempo, se pueden encontrar alternativas.

No podemos pretender que, al hacer un comentario declarativo, toda la dinámica cambie de golpe. Esto no es un parche rápido. Debemos ser constantes y demostrarle al niño que vamos en serio. Queremos que se convenza de que hemos cambiado el estilo y el concepto a otro que se relaciona con él de una forma positiva. Ten en cuenta que *todo* lo importante lleva tiempo y esfuerzo. Piensa en cómo tuvo que ser viajar a la luna. Estamos cambiando la vida de estos alumnos. Queremos ayudarles a que se abran al mundo y al conocimiento. Queremos ayudarles a que tengan confianza. Queremos ayudarles a que bajen las defensas. Empezamos poco a poco,

Capítulo 15: ¿A dónde vamos desde aquí?

porque es la única forma de hacerlo. Los cambios deben ser de uno en uno. Y los pequeños detalles se sumarán para forjar un resultado positivo.

Empezamos poco a poco, porque es la única forma de hacerlo. Los cambios deben ser de uno en uno.

Por lo tanto, comenzarás, en la vida cotidiana, con una interacción cada vez. Y lo harás desde una posición que haga que aumente tu confianza y comodidad con el nuevo estilo de habla. A largo plazo, terminarás por cambiar la dinámica de tu comunicación con el niño de negativa a positiva.

Quiero que los lectores recuerden el ejemplo de Christopher, que sirve también como prueba de que nunca es tarde para empezar con el lenguaje declarativo. Le conocí cuando tenía 21 años y, en menos de dos años, ya compartía recuerdos. A los 26, ya surgían de forma habitual. Nunca es tarde para construir este entorno de experiencias compartidas, pero requiere compromiso y convicción de que la comunicación puede ser mejor. Y debes ser tú quien lo propicie.

Por supuesto que soy consciente de que necesitamos más investigación para que el lenguaje declarativo se imponga. Me encantaría encontrar medios para difundir, ante una audiencia mayor, esta técnica y su eficacia, para que termine por convertirse en una estrategia que se enseñe, de forma generalizada, a todos aquellos que educan a niños con dificultades para el aprendizaje social: maestros, terapeutas y padres. Para llegar ahí es necesaria la investigación que propicie que el lenguaje declarativo se incluya en los libros de texto y en los planes de estudios.

Según mi experiencia, creo que las vías de progreso más poderosas estarán en la percepción de los padres y en los cambios que, con el tiempo, se produzcan en el lenguaje de los niños. También creo que

Manual del lenguaje declarativo

habría que medir ese progreso a lo largo de meses o años porque, como he dicho, modificar todo un sistema de comunicación lleva tiempo. Me encantaría ayudar a diseñar un estudio que replique mis hallazgos iniciales, o a pensar en otros métodos de medición de los resultados positivos del lenguaje declarativo. Si eres un investigador con ideas nuevas y estás interesado en esto, ponte en contacto conmigo, por favor.

El lenguaje declarativo es una estrategia poderosa, aunque poco utilizada. No debería ser así. Importa lo que decimos e importa cómo lo decimos. Difundiendo este mensaje, me ayudarás a cambiar el mundo para los niños y adultos con dificultades para el aprendizaje social.

APÉNDICE

A continuación, incluyo los cuestionarios que utilicé en el proyecto piloto del lenguaje declarativo en 2017:
1. Cuestionario inicial al cuidador
2. Hoja de trabajo de ejemplo de la valoración de los vídeos (Hoja 5–Interrupciones y reparaciones de la comunicación)
3. Cuestionario final al cuidado

Manual del lenguaje declarativo

1. **Proyecto piloto del lenguaje declarativo – Cuestionario inicial al cuidador**

Fecha:
Nombre del niño: **Fecha de nacimiento:**
Persona que contesta: **Relación con el niño:**

1. En una escala de 1 a 5, donde 1 = Novato y 5 = Experto, ¿qué nivel de comodidad siente utilizando el lenguaje declarativo? Señale con un círculo:

1 Novato	2	3	4	5 Experto

2. ¿Qué beneficios espera obtener de su participación en este proyecto?

Por favor, señale con un círculo el número que mejor corresponda a cada afirmación, donde *1 = Raramente* y *3 = Habitualmente*:

	Raramente	A veces	Habitualmente
3. Mi hijo inicia comunicaciones conmigo espontáneamente	1	2	3
4. Me siento próximo emocionalmente a mi hijo	1	2	3
5. Mi hijo y yo nos reímos juntos	1	2	3
6. Ordeno a mi hijo que haga cosas	1	2	3
7. Ordeno a mi hijo que responda preguntas	1	2	3
8. Mi hijo me mira cuando se comunica	1	2	3
9. Mi hijo utiliza el lenguaje para cubrir sus necesidades inmediatas	1	2	3
10. Mi hijo utiliza el lenguaje para compartir recuerdos, opiniones, ideas y observaciones	1	2	3
11. Puedo mantener una conversación con mi hijo sin darle órdenes	1	2	3

12. Por favor, comparta alguna anécdota o ejemplo de una comunicación típica con su hijo.

¡Gracias por sus respuestas!

APÉNDICE

2. Proyecto piloto del lenguaje declarativo
Hoja de valoración de vídeos 5 – Interrupciones y reparaciones de la comunicación

Fecha:
Nombre del niño: **Fecha de nacimiento:**
Persona que contesta: **Relación con el niño:**

1. ¿Qué actividad ha decidido hacer con su hijo?

2. ¿Qué interrupciones de la comunicación ha notado durante la actividad?

Tras revisar el vídeo, ¿qué ha notado en relación a la interacción?	Raramente		A veces		Habitualmente
3. Le he hecho preguntas a mi hijo	1	2	3	4	5
4. He hecho comentarios	1	2	3	4	5
5. He compartido sentimientos, recuerdos, opiniones y experiencias	1	2	3	4	5
6. He utilizado la primera persona: *yo, nosotros, nuestro, etc.*	1	2	3	4	5
7. Siento que hemos establecido y mantenido un foco de atención conjunto	1	2	3	4	5
8. He estado concentrado	1	2	3	4	5
9. He identificado los motivos de las interrupciones en la comunicación	1	2	3	4	5
10. He nombrado esos motivos utilizando lenguaje declarativo	1	2	3	4	5
11. Después de comentar sobre la interrupción, he esperado pacientemente a que el niño hiciese una reparación espontánea	1	2	3	4	5
12. He guiado al niño en la reparación cuando ha sido necesario	1	2	3	4	5
13. Soy comprensivo conmigo mismo, me animo con un lenguaje positivo cuando aprendo algo nuevo	1	2	3	4	5

14. ¿Qué le ha gustado del vídeo?

15. ¿Qué cosas ha notado que podría hacer de forma diferente la próxima vez?

16. ¿Ha habido alguna interrupción/reparación de la comunicación que ha resuelto sobre la marcha desde la última sesión?

17. ¿Alguna pregunta para Linda?

Manual del lenguaje declarativo

3. Proyecto piloto del lenguaje declarativo – Cuestionario final al cuidador
Parte 1 – Reflexiones

Fecha:
Nombre del niño: Fecha de nacimiento:
Persona que contesta: Relación con el niño:

1. En una escala de 1 a 5, donde 1 = Novato y 5 = Experto, ¿qué nivel de comodidad siente utilizando el lenguaje declarativo? Señale con un círculo:

1	2	3	4	5
Novato				Experto

2. ¿Qué beneficios considera que ha obtenido de su participación en este proyecto? Sea lo más específico posible.

3. ¿Qué beneficios considera que ha obtenido el niño?

4. ¿Cómo han cambiado las interacciones con su hijo desde el inicio del proyecto?

Por favor, señale con un círculo el número que mejor corresponda a cada afirmación, donde
1 = Raramente y *3 = Habitualmente*:

	Raramente	A veces	Habitualmente
5. Mi hijo inicia comunicaciones conmigo espontáneamente	1	2	3
6. Me siento próximo emocionalmente a mi hijo	1	2	3
7. Mi hijo y yo nos reímos juntos	1	2	3
8. Ordeno a mi hijo que haga cosas	1	2	3
9. Ordeno a mi hijo que responda preguntas	1	2	3
10. Mi hijo me mira cuando se comunica	1	2	3
11. Mi hijo utiliza el lenguaje para cubrir sus necesidades inmediatas	1	2	3
12. Mi hijo utiliza el lenguaje para compartir recuerdos, opiniones, ideas y observaciones	1	2	3
13. Puedo mantener una conversación con mi hijo sin darle órdenes	1	2	3

14. Por favor, comparta alguna anécdota o ejemplo recientes de una comunicación típica con su hijo.

APÉNDICE

Parte 2 – Comentarios para Linda - Por favor, califique los puntos y haga comentarios

¿Cómo de útil ha sido cada parte del curso?	Nada útil		Algo útil		Muy útil
Inicio: reflexiones, tratamiento, preguntas *Comentarios o ideas para mejorar*	1	2	3	4	5
Revisión de los vídeos grabados en casa *Comentarios o ideas para mejorar*	1	2	3	4	5
Introducción de nuevos conceptos					
Definición/explicación de la idea	1	2	3	4	5
Mecánica	1	2	3	4	5
Vídeos de ejemplo	1	2	3	4	5
Comentarios o ideas para mejorar					
Asignación de tareas para realizar en casa *Comentarios o ideas para mejorar*	1	2	3	4	5

Manual del lenguaje declarativo

¿Cómo de valioso ha encontrado cada concepto nuevo?	Nada valioso	Algo valioso			Muy valioso
Sesión 1: Declarativo frente a imperativo *Comentarios o ideas para mejorar*	1	2	3	4	5
Sesión 2: Evaluación *Comentarios o ideas para mejorar*	1	2	3	4	5
Sesión 3: Descubrimientos *Comentarios o ideas para mejorar*	1	2	3	4	5
Sesión 4: Compartir experiencias *Comentarios o ideas para mejorar*	1	2	3	4	5
Sesión 5: Interrupciones y reparaciones *Comentarios o ideas para mejorar*	1	2	3	4	5
Sesión 6: Toma de perspectiva *Comentarios o ideas para mejorar*	1	2	3	4	5
Sesión 7: Final y revisión *Comentarios o ideas para mejorar*	1	2	3	4	5

APÉNDICE

Cualquier comentario adicional que ayude a Linda a mejorar lo que hemos hecho:

¿Estaría su cónyuge/pareja interesado en realizar este curso en un futuro próximo?

¿Estaría interesado en realizar una reunión de seguimiento del grupo en otoño?

¡Gracias por sus respuestas!

BIBLIOGRAFÍA

E. Braaten y B. Willoughby. Bright kids who can't keep up. The Guilford Press, Nueva York, NY, 2014.

B. Brown. The gifts of imperfection: Let go of who you think you're supposed to be and embrace who you are. Hazelden Publishing, Center City, MN, 2010.

B. Cook y M. Garnett. Spectrum women. Jessica Kingsley Publishers, Londres, 2018.

J. Cook. Don't be afraid to drop! National Center for Youth Issues, Chattanooga, TN, 2008.

J. Deak. Your fantastic, elastic brain: Stretch it, shape it. Little Pickle Press, Naperville, IL, 2010.

C. S. Dweck. Mindset: The new psychology of success. Ballantine Books, Nueva York, NY, 2007.

B. L. Fredrickson. The broaden–and–build theory of positive emotions. Philosophical Transactions of the Royal Society B: Biological Sciences, 359(1449):1367-1378, 2004.

Manual del lenguaje declarativo

E. L. Garland, B. Fredrickson, A. M. Kring, D. P. Johnson, P. S. Meyer y D. L. Penn. Upward spirals of positive emotions counter downward spirals of negativity: Insights from the broaden–and–build theory and affective neuroscience on the treatment of emotion dysfunctions and deficits in psychopathology. Clinical Psychology Review, 30(7):849-864, 2010.

T. Grandin y R. Panek. The Autistic brain: Thinking across the spectrum. Houghton Mifflin Harcourt Publishing, Nueva York, NY, 2013.

R. Greene. Lost and found: Helping behaviorally challenging students (and while you're at it, all the others). Jossey–Bass, San Francisco, CA, 2016.

R. Greene. Lost at school: Why our kids with behavioral challenges are falling through the cracks and how we can help them. Scribner, Nueva York, NY, 2008.

J. Groden, A. Kantor, C. Woodard y L. Lipsitt. How everyone on the Autism Spectrum, young and old, can...: become resilient, be more optimistic, enjoy humor, be kind, and increase self–efficacy — A positive psychology approach. Jessica Kingsley Publishers, Londres, 2011.

S. E. Gutstein. Empowering families through Relationship Development Intervention®: an important part of the biopsychosocial management of autism spectrum disorders. Annals of Clinical Psychiatry, 21(3):174-182, 2009.

S. E. Gutstein. Relationship Development Intervention®: Developing a treatment program to address the unique social and emotional

BIBLIOGRAFÍA

deficits in Autism Spectrum Disorder. Autism Spectrum Quarterly, (Invierno):8-12, 2004.

S. E. Gutstein. Relationship Development Intervention®(RDI®) Program and education. Connections Center Publishing, Houston, TX, 2007.

S. E. Gutstein. The effectiveness of Relationship Development Intervention® on remediating core deficits of autism–spectrum children. Journal of Developmental and Behavioral Pediatrics, 25(5):275, 2004.

S. E. Gutstein. The RDI book: Forging new pathways for Autism, Asperger's and PDD with the Relationship Development Intervention®Program. Connections Center Publishing, Houston, TX, 2009.

S. E. Gutstein, A. F. Burgess y K. Montfort. Evaluation of the Relationship Development Intervention®Program. Autism: The International Journal of Research and Practice, 11(5):397-411, 2007.

J. A. Hobson, P. Hobson, S. Gutstein, A. Ballarani y K. Bargiota. Caregiver-child relatedness in autism, what changes with intervention? 2008. Póster presentado en el congreso *International Meeting for Autism Research*.

J. A. Hobson, L. Tarver, N. Beurkens y R. P. Hobson. The relation between severity of Autism and caregiver–child interaction: A study in the context of Relationship Development Intervention. Journal of Abnormal Child Psychology, 44(4):745-755, 2016.

Manual del lenguaje declarativo

C. Jones. Mistakes that worked: 40 familiar inventions & how they came to be. Delacorte Books for Young Readers, Nueva York, NY, 1994.

I. Kedar. Ido in Autismland: Climbing out of Autism's silent prison. Sharon Kedar, 2012.

G. Keller. The ONE thing: The surprisingly simple truth behind extraordinary results. Bard Press, Austin, TX, 2013.

C. Kim. Nerdy, shy and socially inappropriate: A user guide to an Asperger life. Jessica Kingsley Publishers, Londres, 2014.

L. Kuypers. The Zones of Regulation: A curriculum designed to foster self–regulation and emotional control. Think Social Publishing, Inc., Santa Clara, CA, 2011.

F. Larkin, S. Guerin, J. A. Hobson y S. E. Gutstein. The relationship development assessment – research version: Preliminary validation of a clinical tool and coding schemes to measure parent–child interaction in autism. Clinical Child Psychology and Psychiatry, 20(2):239-260, 2015.

L. K. Murphy. Episodic memory, experience sharing, and children with ASD. Autism Spectrum Quarterly, (Otoño):15-16, 2010.

L. K. Murphy. The critical importance of declarative language input for children with ASD. Autism Spectrum Quarterly, (Invierno):8-10, 2010.

BIBLIOGRAFÍA

L. K. Murphy. The importance of sharing personal memories to make language meaningful. Autism Asperger's Digest, (Febrero–Abril):33-35, 2019.

L. K. Murphy. Thinking beyond eye contact. Autism Spectrum Quarterly, (Invierno):15-16, 2012.

L. K. Murphy. What we say and how we say it matters. Autism Asperger's Digest, (Agosto–Octubre):32-33, 2018.

P. Parish. Amelia Bedelia. Greenwillow Books, Broadway, NY, 2013.

B. M. Prizant. Respect begins with language: Part I. Autism Spectrum Quarterly, (Verano):26-28, 2010.

B. M. Prizant. Respect begins with language: Part II. Autism Spectrum Quarterly, (Otoño):29-33, 2010.

B. M. Prizant. The use and misuse of evidence–based practice: Implications for persons with ASD. Autism Spectrum Quarterly, (Otoño):43-49, 2011.

B. M. Prizant. Treatment options and parent choice: Is ABA the only way? Part II. Autism Spectrum Quarterly, (Primavera):28-32, 2009.

B. M. Prizant y A.C. Laurent. Behavior is not the issue: An emotional regulation perspective on problem behavior: Part I. Autism Spectrum Quarterly, (Primavera):28-30, 2011.

Manual del lenguaje declarativo

B. M. Prizant y A.C. Laurent. Behavior is not the issue: An emotional regulation perspective on problem behavior: Part II. Autism Spectrum Quarterly, (Verano):34-37, 2011.

B. Saltzberg. Beautiful oops! Workman Publishing Company, Nueva York, NY, 2010.

D. Siegel. Brainstorm: The power and purpose of the teenage brain. Tarcher–Perigee, Nueva York, NY, 2015.

D. Siegel. Parenting from the inside out: How a deeper self–understanding can help you raise children who thrive. Jeremy P. Tarcher/Penguin, Nueva York, NY, 2014.

D. Siegel. The developing mind: How relationships and the brain interact to shape who we are. The Guildford Press, Nueva York, NY, 2012.

D. Siegel y T. P. Bryson. The whole–brain child: 12 revolutionary strategies to nurture your child's developing mind. Bantam, Nueva York, NY, 2012.

A. Spires. The most magnificent thing. Kids Can Press, Toronto, 2014.

M. G. Winner. Inside out: What makes a person with social cognitive deficits tick? Think Social Publishing, Inc., Santa Clara, CA, 2000.

M. G. Winner. Social Behavior Mapping: Introducing the social emotional chain reaction. Think Social Publishing, Inc., Santa Clara, CA, 2006.

BIBLIOGRAFÍA

M. G. Winner. Thinking about you. Thinking about me. Think Social Publishing, Inc., Santa Clara, CA, 2007.

M. G. Winner y L. K. Murphy. Social thinking and me. Think Social Publishing, Inc., Santa Clara, CA, 2016.

BIBLIOGRAFÍA EN CASTELLANO

B. Brown. Los dones de la imperfección: Líbrate de quien crees que deberías ser y abraza a quien realmente eres. Traducido por B. González Villegas y N. Steinbrun. Gala, Madrid, 2016.

J. Deak. Tu fantástico y elástico cerebro. Editorial Juventud, Barcelona, 2013.

C. S. Dweck. Mindset: La actitud del éxito. Traducido por P. Ruiz de Luna González. Editorial Sirio, Málaga, 2016.

T. Grandin y R. Panek. El cerebro autista: El poder de una mente distinta. Traducido por R. Filella. RBA Libros, Barcelona, 2023.

S. E. Gutstein. The RDI Book: Forjando nuevas vías para el autismo, trastorno de Asperger y trastorno generalizado del desarrollo con el programa Intervención de Desarrollo de Relaciones®. Traducido por C. Pérez–Andreessen y D. M. Reza Becerril. Connections Center Publishing, Houston, TX, 2011.

G. Keller. Lo único: La sencilla y sorprendente verdad que hay detrás del éxito. Traducido por D. Giménez Imirizaldu. Aguilar, Madrid, 2015.

Manual del lenguaje declarativo

P. Parish. Amelia Bedelia. Traducido por Y. Canetti. Lectorum Publications Inc., Pine Brook, NJ, 2000.

D. Siegel. La mente en desarrollo: Cómo interactúan las relaciones y el cerebro para modelar nuestro ser. Traducido por J. Aldekoa Arana. Desclée de Brouwer, Bilbao, 2007.

D. Siegel. Ser padres conscientes: un mejor conocimiento de nosotros mismos contribuye a un desarrollo integral de nuestros hijos. Traducido por F. Mora Zahonero. Ediciones La Llave, Barcelona, 2012.

D. Siegel. Tormenta cerebral: El poder y el propósito del cerebro adolescente. Traducido por J. M. Berástegui Rubio. Alba Editorial, Barcelona, 2014.

D. Siegel y T. P. Bryson. El cerebro del niño: 12 estrategias revolucionarias para cultivar la mente en desarrollo de tu hijo. Traducido por I. Ferrer. Alba Editorial, Barcelona, 2012.

A. Spires. La idea más maravillosa. Traducido por V. Pérez–Sauquillo y M. Ronda. Beascoa, Barcelona, 2017.

ÍNDICE ALFABÉTICO

A

alternativas 7, 45, 48, 49, 50, 56, 85, 108
andamiaje 15, 99
ansiedad 23, 29, 100
aprendizaje sin errores 38
asertividad 13, 14
atención 3, 4, 13, 14, 15, 23, 53, 72, 73, 76, 81, 98, 105
autismo 19, 127

B

bloqueo 10, 11, 24, 28, 31, 33, 37, 49, 87
Burr Family Conference 96

C

competencia social 8, 27, 28, 30
comprensión 7, 11, 14, 33, 55, 76, 81, 87
comunicación no verbal 4, 11, 20, 104
confianza 8, 11, 14, 15, 33, 38, 39, 40, 41, 43, 47, 60, 66, 68, 89, 91, 93, 98, 100, 108, 109
consciencia de sí mismos 6, 13, 33
contacto visual 13, 19, 20, 21, 24, 88
conversación 12, 17, 55, 56, 80, 97, 99
costumbre 78, 81
curiosidad 24, 33, 34, 79

D

decepciones 89, 90
deducir 12, 23
descubrimiento 16, 41, 42, 66

E

edad 78

Manual del lenguaje declarativo

errores 7, 37, 38, 39, 40, 41, 43, 44, 63
esperar 42, 58, 65, 66, 67, 69, 70, 73, 79, 85, 97, 99
estrés 14, 24, 46, 61, 68

F

flexibilidad 45

G

gesto 76

H

huida 10, 11, 24, 28, 31, 33, 37, 49, 87

I

imagen completa 4, 11, 12, 22, 89
impacto 22, 96
imperativo 3, 9, 10, 15, 17, 24, 28, 30, 51, 53, 61, 62, 63, 64, 83, 87, 98, 100
incertidumbre 56, 57, 69
independencia 21, 78
indicación 22, 66, 73
iniciar 12, 17, 52, 78
iniciativa 7, 13, 42, 58, 66, 80, 88, 89, 100
interrupciones de la comunicación 58, 93

investigación 109

J

juego 6, 22, 24, 28, 29, 30, 86
justo 29

L

lenguaje corporal 36
lenguaje insistente 100
lucha 10, 11, 24, 28, 31, 33, 37, 49, 87

M

memoria 7, 14, 25, 26, 27, 28, 29, 30, 46, 75, 89
música 34

O

observación 7, 11, 13, 23, 42, 66, 72
opiniones 7, 11, 31, 32, 34, 35, 55, 91, 100
orientación 23, 29, 40, 44, 52, 58, 65, 67, 69, 76, 77, 93, 98

P

paciencia 7, 44, 78, 86, 91, 99
pares 30
participar 78, 100
pautas 8, 65, 67, 68, 72, 99,

ÍNDICE ALFABÉTICO

104
perfecto 41, 67
perspectiva 4, 11, 22, 31, 54, 62, 66, 98, 100
por turnos 30
posibilidades 25, 45, 46, 49, 56, 57, 73, 85, 87
positividad 77
preocupación 23, 45, 77
procesamiento 52, 70
progreso 8, 22, 87, 92, 97, 109, 110
propia iniciativa 42
Proyecto piloto del lenguaje declarativo 96

R

reacciones 34, 35, 65, 67, 68, 87, 91, 93
recordar 19, 26, 28, 30, 53, 67, 75, 80, 89
recuerdo 7, 28, 53, 66, 74, 93
referencia visual 19, 20, 21, 22, 23, 24, 42, 65, 73, 75
Relationship Development Intervention 95, 121
reparar 74, 89
resiliencia 40
resolución de problemas 39, 42, 43, 45, 49, 53, 55, 56, 58, 81, 86, 88, 89, 99

respuestas 6, 9, 10, 14, 33, 45, 49, 51, 62, 67, 69, 87, 91

S

sentidos 57

T

tabla de opiniones 35
tiempo de 27, 69, 70

V

verbos 53, 54
vocabulario 55, 74, 91

Z

zona de confort 34, 37, 40

www.ingramcontent.com/pod-product-compliance
Lightning Source LLC
Chambersburg PA
CBHW072210070526
44585CB00015B/1269